KB263344

청소년을 위한

하버드 새벽 4시 반

청소년을 위한
하버드 새벽 4시 반
웨이슈잉 지음 · 이지은 옮김

작가의 말

초등학교를 졸업하고 중·고등학교에 입학하면서 우리는 아름다우면서도 혼란스러운 시기를 맞이합니다. 이때 우리는 자연스럽게 '나는 앞으로 어떻게 살아가야 할까?'라는 큰 질문과 마주하게 돼요. 어떤 친구는 방황하기도 하고, 어떤 친구는 멋진 미래를 꿈꾸지요.

하지만 안타깝게도 우리에게는 미래를 깊이 생각할 겨를조차 주어지지 않는 경우가 많습니다. 학업 스트레스와 주변에서 보내는 기대의 시선이 여러분의 어깨를 짓누르니까요. 게다가 몇 년 후면 앞으로의 진로를 좌우할 시험이 여러분을 기다리고 있습니다. 그렇다면 이렇게 중요한 중·고등학교 시절을 어떻게 후회 없이 보낼 수 있을까요?

하버드 대학교는 세계 최고의 대학교로 손꼽혀요. 이곳은 지난 300여 년간 수많은 정치인, 과학자, 작가, 학자를 배출해 왔습니다. 그들의 성공은 단순한 노력의 결실이 아니에요. 하버드가 추구해 온 교육 이념과 가치가 학생들을 성공의 길로 이끌어 준 것입니다.

여러분이 하버드 캠퍼스를 거닐게 된다면, 깊은 새벽에도 불빛 아래서 책을 읽고 사색하는 학생들을 쉽게 만날 수 있을 것입니다. 고요한 새벽 네 시 반, 그곳에서 공부하는 학생들은 이미 자기 삶의 한 장면을 열심히 써 내려가고 있는 것이지요.

이 책에서는 하버드 대학교에서 학생들에게 전하는 공부의 가치와 삶의 지혜를 여러분과 나누고자 합니다. 아직 성장하는 과정에 있는 여러분이 이 책을 통해 새로운 생각을 배우고 더 넓은 세상을 바라보며 자신의 삶을 스스로 만들어 나갈 힘을 얻기를 바랍니다.

차례

작가의 말 • 4

1장 잠재력 • 9

2장 시간 관리 • 35

3장 감정 관리 • 56

4장 정직 · 76

5장 리더십 · 96

6장 배움 · 110

7장 실패 · 124

8장 우정 · 140

9장 꿈 · 156

01

잠재력

좋은 대학교가 전부는 아니다

생각할수록 성장하는

우리의 뇌

하버드 대학교는 학생들이 스스로 생각하는 능력을 기르는 것을 가장 중요한 학습 목표로 삼습니다. 이를 통해 단순한 지식 습득을 넘어 자신을 올바르게 이해하고 객관적으로 평가할 수 있도록 도와주죠. 생각하는 능력은 우리 안에 숨어 있는 잠재력을 깨우는 열쇠입니다.

생각은 누구나 할 수 있어요. 하지만 제대로 생각하는 능력은 타고나는 게 아닙니다. 꾸준한 노력과 훈련을 통해서만 얻을 수 있거든요. 쉽게 말하면 다른 사람보다 더 똑똑해지기 위해서는 생각하는 방법을 연습해야 한다는 뜻이에요.

보통 뇌는 10살이 되면 완성된다고 해요. 하지만 10살이 넘었다고 해서 늦은 건 아닙니다. 청소년 시기야말로 생각하는 방식을 만들어 갈 수 있는 가장 좋은 때거든요. 생각하는 방식을 전문적인 표현으로는 '사고체계'라고 부르는데, 다양한 사고체계를 훈련하면서 더욱 뛰어난 능력을 기를 수 있어요.

하버드 대학교에서는 학생들의 잠재력을 끌어내기 위해 다음과 같은 5가지 사고체계를 강조합니다.

1. 장기효과 사고체계

이건 뭔가를 하기 전에 "나중에 어떤 일이 일어날까?"를 미리 가늠하는 사고체계예요. 한 발 앞만 보는 게 아니라 먼 미래까지 내다본다는 뜻에서 '장기효과'라는 말이 붙었죠.

장기효과 사고체계는 학습 과정뿐 아니라 일상생활에도 큰 도움을 줍니다. 예를 들어 장기효과 사고체계를 갖추면 갑작스러운 지출에 대비해 미리 비상금을 마련하거나 건강을 위해 꾸준히 운동을 하는 등 미래의 위험을 줄일 수 있겠지요. 또 중요한 시험을 앞둔 상황에서 미리 계획을 세워 차근차근 준비한다면 시험 직전에 허둥대는 일을 방지할 수도 있고요.

이렇게 사전에 문제를 예측하고 대책을 세우는 습관은 시간과 자원을 효율적으로 사용하게 해 주고, 혹시 예상하지 못한 상황이 닥쳐도 침착하게 대응할 수 있도록 도와줍니다.

2. 창의적 사고체계

　여러분도 창의력을 강조하는 이야기를 귀에 못이 박힐 정도로 들어 보았을 거예요. 그런데 학교에서 말하는 창의력과 여기서 설명하는 창의적 사고체계는 비슷하면서도 조금 다릅니다.

　창의적 사고는 가지고 있는 창의력을 활용하여 생각을 체계화하는 활동을 말합니다. 단순히 아이디어를 떠올리는 데서 그치는 것이 아닌, 논리적으로 판단하는 힘과 상상하는 힘이 함께 작동하는 생각 방식이지요. 말하자면 '창의력을 체계적으로 쓰는 방법'이라고 할 수 있어요.

　그렇다면 창의적 사고체계를 키우기 위해서 어떻게 해야 할까요? 먼저 관찰에 익숙해져야 합니다. 창의력은 종종 다양한 경험에서 시작되기 때문입니다.

　다음으로는 다양한 방향으로 생각하는 습관을 들여야 합니다. 문제에 부딪혔을 때 다각도로 해결책을 찾아낼 수 있도록 '생각의 날개'를 활짝 펴는 것이지요. 혹시 실수를 하거나 엉뚱한 길로 빠지더라도 두려워하지 말아야 합니다. 그 연습 자체가 창의적 사고체계를 기르는 훈련이니까요.

　마지막으로는 끝까지 용감하게 버틸 수 있어야 합니다. 흔들리지 않는 한결같은 마음가짐은 창의적 사고체계를 형성하는 데 꼭 필요한 요소거든요.

"에이, 그런 게 어디 있어?", "왜 혼자 엉뚱한 소릴 하니?" 같은 주변 사람들의 말에 너무 흔들릴 필요는 없습니다. 여러분에게 확신이 있다면 주변의 반대하는 말과 상관없이 밀어붙일 용기도 필요하니까요.

3. 집단적 사고체계

하버드 대학교 수업에는 유난히 조별 과제가 많습니다. 예를 들어, 환경 문제를 주제로 삼으면 학생들이 팀을 이루어 각자 자료를 모으고 자신의 생각을 이야기하며 토론합니다. 그러다 보면 "이건 이렇게 바꾸면 좋겠다."처럼 새로운 아이디어가 생기죠. 이렇게 길러지는 사고체계를 '집단적 사고체계'라고 불러요.

우리는 함께 생각을 나누면서 서로 잘하는 점은 배우고 부족한 점은 도와줄 수 있어요. 이때 우리의 실력도 함께 자랍니다.

하버드에서 이런 활동을 중요하게 여기는 이유는 분명합니다. 혼자 잘하는 사람보다 함께 성장할 줄 아는 사람을 더욱 높게 평가하기 때문이에요. 다른 사람의 생각과 감정을 존중하고 팀 안에서 맡은 책임을 다하는 태도를 소중히 보는 거죠.

대학생이 아닌 여러분도 학교에서 충분히 집단적 사고체계를 기를 수 있습니다. 물론 매일 공부하느라 바쁘고 지칠지도 몰라요. 그렇지만 잠깐의 쉬는 시간이나 점심시간을 활용해서 친구와 이야기를 나누거나 관심 있는 주제에 대해 짧게 토론해 보세요. 이렇게 쌓인 경험은 '나 혼자'의 한계를 넘어, '우리'로 생각하는 힘을 길러 줄 거예요.

4. 가설 사고체계

가설 사고체계라는 이름은 무척 어렵게 들리지만, 사실은 아주 간단합니다. 가설을 세우는 것은 머리가 원래 할 줄 아는 기본적인 기능 중 하나거든요.

원자 속의 중성자나 양성자는 우리 눈으로 관찰할 수 없습니다. 하지만 과학자들은 포기하지 않고 실험 결과와 법칙을 바탕으로 '중성자나 양성자가 이렇게 생겼을 것이다.'라는 가설을 세우고, 그것을 바탕으로 원자의 구조를 분석합니다. 이게 바로 가설 사고체계예요. 보이지 않는 것을 추측하고 검증하는 힘이죠.

가설은 과학에서만 쓰이지 않아요. 작가 조앤 K. 롤링은 "만약 마법 세계가 현실에 존재한다면?"이라는 가설과 상상력을 결합해 엄청난 성공을 거둔 《해리 포터》 시리즈를 만들어 냈습니다.

가설은 상상력을 열어 주는 열쇠이자 뇌를 단련하는 중요한 도구입니다. 한 연구에 따르면 어떤 문제에 대한 가설을 세우는 과정은 뇌의 여러 부위를 동시에 자극한다고 해요. 쉽게 말해 엉뚱한 상상을 자주 하는 사람이 오히려 문제 해결 능력이 뛰어날 수 있다는 거죠.

5. 역발상 사고체계

역발상 사고체계는 말 그대로 '거꾸로' 생각하는 방식이에요. 이렇게 생각하면 계속 생각이 한 자리에서 맴돌기만 하는 문제를 피할 수 있어요.

수학에는 '반증법'이 있습니다. 어떤 명제가 참인지 증명하기 어려울 때, 거짓이라고 가정한 뒤 그것이 잘못되었음을 증명하는 방법이지요. 역발상도 이와 비슷합니다. 불리해 보이는 조건을 유리하게 바꾸거나 문제를 뒤에서부터 풀어 가는 거예요. 이런 방식은 뇌 속에 새로운 생각의 길을 만들고, 문제를 여러 방향에서 살펴볼 수 있게 해 줍니다.

레오나르도 다빈치는 다리를 설계할 때 '어떻게 하면 더 튼튼하게 만들까?'보다 '무너뜨리려면 어떻게 해야 하지?'부터 고민했다고 해요. 무너질 이유를 먼저 찾으면 그것을 막는 설계 아이디어가 자연스럽게 나오니까요.

이처럼 역발상 사고체계는 우리의 문제 해결력과 창의력을 길러 줍니다. 다른 사람이 보지 못하는 길을 찾아내는 힘을 기르는 것이지요.

성적을 올리는 데도 
감성이 중요하다

멋진 대학교 캠퍼스 생활을 꿈꿔 본 적이 있나요? 영화나 드라마에 나오는 대학생들은 열정이 넘치고, 매일 새로운 무언가를 시도하고, 얼굴에는 만족감이 가득합니다.

많은 사람들이 "좋은 대학교만 가면 성공은 보장된다."라고 말합니다. 특히 하버드 대학교 같은 명문대는 여러 학생의 마음을 사로잡아요. 그렇지만 사실 하버드의 가치는 이름값에 있지 않아요. 그곳에서 배우는 지식, 경험, 그리고 다양한 성장 기회가 삶 전체에 새로운 가치를 더해 주기 때문입니다.

오히려 하버드 대학교에서는 성적이 가치를 결정하는 절대적인 기준이 아니에요. 시험 점수보다는 종합적인 능력을 갖춘 학생이 좋은 평가를 받지요. 여기서 중요한 것이 '감성 지수(EQ)'입니다. 지능 지수(IQ)가 공부 실력과 관련되어 있다면, 감성 지수는 협동·소통·문제 해결력 같은 능력을 강화시켜 줍니다. 감성 지수가 높은 사람은 똑똑한 천재보다도 훨씬 뛰어난 결과를 낼 수 있답니다.

감성 지수는 노력을 통해 충분히 키울 수 있습니다. 하버드에서는 학생의 감성을 길러 주는 수업을 필수 과목으로 운영해요. 미국에 있는 대부분의 명문대도 비슷한 수업을 운영합니다. 여러분이 아직 청소년인 지금, 지식을 쌓는 것과 함께 감성을 길러 나간다면 미래는 훨씬 넓어질 거예요. 하버드는 우리의 감성 지수를 계발하는 3가지 방법을 제시합니다.

1. 자아 인식

감성 지수를 계발하기 위해서는 먼저 내 감정을 제대로 알아야 합니다. 내 감정을 올바르게 인식하는 사람이 감정을 조절하고 바르게 쓸 수 있기 때문이죠.

여러분의 미래를 위해서라도 감정을 스스로 조절하는 방법을 배우는 일은 무척 중요합니다. 선생님이나 부모님의 가르침에만 의존하거나 일이 잘되지 않았을 때 책임을 떠넘기는 건 좋은 습관이 아닙니다.

일이 잘 풀렸을 때와 그렇지 않았을 때 내가 어떤 기분이었는지 돌아봅시다. 놀림이나 비난을 받았을 때 어떻게 반응했는지도 살펴보세요.

상황이 바뀌었을 때 내 마음은 어떻게 달라졌는지, 실패 후에 반성했는지, 성공 이후 자만하지는 않았는지 등을 관찰하면 '있는 그대로의 나'를 이해하는 데 큰 도움이 됩니다. 여러분을 잘 이해하게 될수록 감성 지수도 점점 자라날 수 있지요.

2. 자기 통제

하버드 대학교에서는 감성 지수를 키우기 위해서 자신의 현재 마음 상태를 받아들이라고 강조합니다. 감정을 무조건 억누르거나 외면하는 게 아니라 인정하고 다루는 법을 배우는 거죠. 그렇다면 자신의 마음을 어떻게 받아들여야 할까요?

우선 여러분의 약점을 솔직하게 인정해야 합니다. 사람은 누구나 감정적으로 약한 부분이 있어요. 화를 잘 내는 사람도 있고 쉽게 절망에 빠지는 사람도 있죠. 이런 모습을 숨기려 하지 말고 있는 그대로 인정하세요.

다음으로는 여러분의 기대감을 조절해야 합니다. 원하는 게 너무 많거나 기대가 지나치게 크면 실망도 커지니까요. 여러분이 하고 싶은 일을 정확하게 파악해서 현실적인 목표를 세워 보세요.

마지막으로 여러분의 부정적인 감정을 마음속에 묻어 두지 말고 건강하게 풀어야 합니다. 슬픔, 화, 불안 같은 감정을 오랫동안 참으면 결국 폭발하게 됩니다. 감성 지수가 높은 사람은 부정적인 감정을 적절한 시기에 적절한 방법으로 표현하는 사람이에요. 일기를 쓰거나, 믿을 수 있는 사람과 대화를 나누거나, 취미 활동을 하는 것도 좋은 방법입니다.

3. 자기 격려

미국의 소설가 오 헨리가 쓴 단편 소설 《마지막 잎새》에는 죽을 병에 걸린 소녀가 등장합니다.

소녀는 병실에 누운 채 창밖의 나무를 보며 "나뭇잎이 모두 떨어지면 나도 죽을 거야."라고 생각했어요. 그러다 보니 바람이 불어 잎이 하나둘 떨어질 때마다 소녀의 병도 악화되었죠. 그런데 이 이야기를 들은 어떤 화가가 마지막 잎이 떨어지기 전에 나뭇가지에 푸르게 빛나는 나뭇잎을 그려 두었어요. 바람이 아무리 불어도 잎은 떨어지지 않았고, 그 모습을 본 소녀는 다시 살아야겠다는 마음을 품게 되었습니다. 그러자 기적과도 같은 일이 일어났어요. 소녀가 병을 끝내 이겨 낸 것이죠.

이 짧은 이야기는 스스로를 믿고 격려하는 힘이 얼마나 큰지를 보여 줍니다. 배움에 있어서도 마찬가지예요. 시험 준비나 힘든 숙제를 하다 보면 '난 안 될 거야.'라는 생각이 들 때가 있어요. 하지만 그때 스스로에게 '나는 할 수 있다.'라는 신호를 보내면 마음가짐이 달라지고, 결과도 달라질 수 있습니다.

하버드의 잠재력 계발을 위한 비결

한 살씩 나이를 먹어 가면서 우리는 기존에는 하지 않았던 깊은 질문을 스스로에게 던지기 시작합니다. 여러분도 그런 적이 있지는 않나요? 이를테면 아래와 같은 질문 말이에요.

'왜 공부해야 할까?'

'행복한 삶은 뭘까?'

하버드 대학교에서 가장 인기 있는 수업 중 하나는 '행복 수업'이에요. 이 수업에서는 행복을 삶의 궁극적인 목표라고 말하며 재미있는 햄버거 비유를 들려줍니다.

① 쾌락버거: 지금은 맛있지만 건강에는 해로운 것. 당장의 즐거움만 생각하고 미래의 행복은 포기하는 삶.

② 허무버거: 맛도 없고 건강에도 나쁜 것. 현재와 미래 모두 행복하지 않은 삶.

③ 열혈버거: 건강에는 좋지만 맛이 없는 것. 미래만 생각하면서

우리가 추구해야 할 것은 당연히 '행복버거'와 같은 삶입니다. 다시 말해 지금 하는 일을 마음껏 즐기면서 더욱 아름다운 미래를 꿈꿔야 한다는 것이죠.

많은 학생들이 "좋은 대학교에 가야 좋은 직장을 얻고, 그래야 행복해진다."라는 말을 듣습니다. 하지만 정작 공부가 얼마나 재미있는지는 배우지 못해요. 그래서 공부 과정을 즐기지 못하고 성적에만 매달리다 흥미를 잃고 맙니다. 그렇지만 그렇게 좋은 대학교에 입학해서 원하던 직장에 들어가더라도 또 다른 경쟁이 여러분을 기다리고 있어요.

하버드에서는 성적이나 성공 자체가 행복은 아니라고 말합니다. 오히려 지금 여러분이 하고 있는 공부 자체에서 흥미를 느껴야 한다고 가르쳐요. 공부를 즐기는 사람이 더 좋은 성과를 내고, 더 행복한 미래를 만들 수 있습니다.

자신이 흥미롭게 생각하는 일을 할 때 우리는 잠재력을 제대로 발휘할 수 있습니다. 무언가에 대한 열정이 샘솟으면 해내겠다는 의지가 더욱 단단해지고 일의 효율 역시 높아지지요.

　우리를 행복하게 하는 것은 그리 거창하고 대단한 것이 아니에요. 별것 아닌 이유만으로도 우리는 더 가치 있고 행복한 삶을 만들 수 있습니다. 하버드 학생들이 늘 바쁘면서도 웃음을 잃지 않는 이유는 목표를 향해 나아가는 과정 자체를 즐기기 때문입니다.

　청소년 시기는 분명 쉽지 않아요. 하지만 어차피 겪어야 할 시간이라면 배우는 즐거움을 충분히 누리며 보내는 편이 낫습니다. 공부를 스트레스가 아닌 성장의 기회로 받아들이세요. 그 순간 여러분의 미래는 훨씬 밝게 빛날 것입니다.

4 평범함 속에도 특별함이 숨어 있다

1999년 4월, 중국의 한 학생에게 놀라운 일이 일어났어요. 열여덟 살 류이팅이라는 학생이 하버드 대학교, 콜롬비아 대학교 등 명문 대학 네 곳에 동시에 합격한 거예요. 게다가 3만 달러에 달하는 학비와 기숙사비, 식비까지 모두 면제받았죠.

하버드에서 보낸 합격 통지서에는 이런 내용이 적혀 있었어요. "합격을 축하합니다. 당신은 뛰어난 학문적 잠재력과 특별한 재능을 가지고 있습니다."

사람들은 궁금해했어요. 류이팅이 타고난 천재이거나 엄청난 노력을 했다고 생각했거든요. 하지만 류이팅을 아는 주변 사람들은 입을 모아 그가 평범한 학생이었다고 말했습니다.

류이팅이 다른 친구들과 달랐던 점은 딱 하나였어요. 바로 어떤 상황에서도 마음을 차분하게 유지하려고 노력한다는 점이었습니다.

마음의 평화를 유지하는 법

우리는 태어나는 순간부터 경쟁하기 시작합니다. 초등학교에 입학하면 중학교를 준비하고, 중학교에서는 좋은 고등학교에 들어가기 위해 경쟁하죠. 고등학교에서는 대학 입시를 준비하고, 대학에 가면 취업을 걱정해야 해요. 취업을 해도 또 다른 경쟁이 기다리고 있고요.

이런 치열한 경쟁 속에서 우리는 어쩔 수 없이 다른 사람과 자신을 비교하게 됩니다. 내가 뒤처진다고 느끼면 스트레스가 쌓이고 마음이 불안해지죠.

그렇다면 어떻게 경쟁 속에서도 마음의 평화를 유지할 수 있을까요? 우선 주변 환경이 아무리 변해도 스스로 중심을 잡는 태도가 중요합니다. 마음의 중심이 잡히면 몸도 균형 잡힌 상태를 유지할 수 있어요. 몸이 건강해지면 다시 머리가 맑아지고, 더욱 깊이 있는 생각을 할 수 있게 되죠.

심리학자들은 사람에게 무한한 가능성이 숨어 있다고 말해요. 하지만 그 가능성을 끌어내려면 먼저 마음을 평온하게 유지해야 한답니다. 화가 날 때 마음을 차분히 가라앉혀야 숨겨진 능력을 발견할 수 있어요. 그리고 이런 잠재력은 자신감, 간절함, 강한 의지가 있을 때 더 잘 발휘돼요.

또 자신감은 우리의 가능성을 발견하기 위한 필수 요소예요. 자기 자신을 믿어야 숨겨진 능력도 깨어날 수 있거든요. 만약 자신을 믿지 못한다면 다른 사람도 나를 믿어 주지 않을 거예요.

강한 의지 역시 무척 중요합니다. 의지란 흔들리지 않는 결심이에요. 목표를 정하고 끝까지 포기하지 않겠다는 마음이죠. 이처럼 자신감과 강한 의지가 있어야 마음의 평화를 유지하고 잠재력을 일깨울 수 있습니다.

나만의 도자기 만들기

과거에는 학생들에게 무조건 학습 내용을 외우라고 강요했어요. 지금도 그런 경우가 종종 있죠. 선생님이 가르쳐 준 내용을 얼마나 정확하게 기억하는지만 중요하게 생각하는 거예요.

이런 방식은 학생의 흥미와 관심을 무시해요. 당연히 학생들은 점점 공부가 재미없어지고, 배움에 대한 열정도 사라지겠죠.

자신의 잠재력을 일깨우기 위해서는 나만의 특별한 공간을 만들어야 해요. 그 공간에서 즐겁고 평화롭게 나 자신에게만 집중하면서 스스로를 발전시키는 거예요.

이를 위해서는 지식을 일방적으로 받아들이기만 하면 안 돼요. 새로운 지식을 적극적으로 받아들이고 문제 해결 능력을 기르며 다른 사람과 잘 어울리는 사회성도 길러야 하죠.

우리는 모두 무한한 가능성을 가지고 태어났어요. 하지만 그 가능성을 어떻게 키우느냐에 따라 전혀 다른 삶을 살게 됩니다.

중고등학교 시절은 개인의 삶에서 정말 중요한 시기예요. 이때의 우리는 아직 모양이 정해지지 않은 진흙 덩어리 같아요. 그 진흙을 어떻게 빚느냐에 따라 아름다운 도자기가 될 수도 있고, 평범한 그릇이 될 수도 있어요.

자신의 흥미와 관심에 맞춰 스스로 학습 계획을 세우고 공부하는 습관을 만들어야 해요. 그러면 학업 스트레스도 줄이고 미래를 위한 든든한 실력도 쌓을 수 있습니다.

억눌려 있던 잠재력에 날개를 달아 주는 것, 그것이 바로 자기주도적 학습이에요. 스스로 공부하는 습관을 들인다면 공부가 얼마나 재미있는 것인지 알 수 있답니다.

타고난 재능을 발견하자

뇌는 우리가 생각하는 것보다 훨씬 엄청난 잠재력을 지니고 있어요. 뇌세포는 순간마다 일부만 활발하게 활동하지만, 평생에 걸쳐 거의 모든 세포가 다양한 역할을 하며 사용됩니다. 그리고 뇌의 성질 중에는 '가소성'이라는 것이 있는데, 이는 새로운 경험을 받아들이며 끊임없이 스스로를 변화시키는 성질입니다.

이 때문에 뇌는 마치 끝없이 확장되는 공간처럼 무궁무진한 가능성을 품고 있습니다. 그래서 생각하는 훈련을 통해 성장을 위한 든든한 발판을 마련할 수 있답니다.

아인슈타인과 마크 트웨인의 비밀

남다른 통찰력과 상상력을 가진 사람을 우리는 천재라고 불러요. 그런데 세계가 인정하는 천재 과학자 중 한 명인 아인슈타인도 특별한 뇌 구조를 가지고 있었던 것은 아닙니다. 과학자들이 연구한 결과, 그의 뇌는 다른 사람과 크게 다르지 않았어요. 그런데도 아인슈타인이 천재로 불린 까닭은 무엇일까요?

그 이유는 바로 집중력과 몰입에 있었어요. 그는 어린 시절부터 끝없는 호기심을 품었고, 밤낮없이 깊이 생각하고 또 생각하며 뇌를 단련했지요. 뇌는 근육과 비슷해서 훈련할수록 더욱 강해집니다. 좌뇌와 우뇌는 각기 다른 일을 담당한다고 알려져 있지만, 실제로는 서로 협력하면서 우리의 생각과 상상력을 만들어 내요.

그래서 성장하기 위해 가장 중요한 것은 여러분의 마음을 뛰게 하는 일을 찾아내는 거예요. 흥미가 있고 열정이 샘솟는 일을 할 때 뇌는 더욱 활성화되니까요.

하버드에서는 자신이 가장 재미있다고 생각하는 일을 한다면 성공으로 향하는 길을 걷고 있는 셈이라고 말합니다. 자신이 흥미를 느끼고 즐겁다고 생각하는 일을 해야 남다른 결과를 만들어 낼 수 있으니까요.

미국의 작가 마크 트웨인은 한때 사업에 관심을 보이며 두 차례 회사를 운영한 적이 있어요. 하지만 결과는 좋지 않았습니다. 그는 회사를 제대로 운영하지 못했을 뿐만 아니라 사기까지 당해서 30만 달러에 가까운 손해를 입었지요. 오랫동안 힘들게 모은 원고료가 순식간에 사라지고 빚더미에 오르자 마크 트웨인은 크게 좌절했죠.

그런 마크 트웨인을 다시 일으킨 것은 아내 올리비아였어요. 사업 쪽으로는 별다른 재주가 없는 남편이지만 뛰어난 글솜씨를 가지고 있어 소설을 쓰면 성공할 것이라고 판단한 거예요. 아내의 적극적인 응원에 힘입어 마크 트웨인은 다시 펜을 들었어요. 그리고 자신이 지닌 재능에 힘입어 세계적인 작가가 되었습니다.

성공한 삶은 자신의 재능을 최대한 발휘할 수 있는 최적의 장소를 찾는 것에서부터 출발해요. 재능을 효과적으로 사용하려면 무엇보다도 여러분의 능력 안에서 쉽게 해낼 수 있는 일에 집중해야 합니다. 하지만 아쉽게도 많은 사람들이 이런 사실을 모른 채, 자신에게 어울리지 않는 일에 소중한 시간과 힘을 쏟아붓고 있어요. 그러다 보니 열심히 일한 데 비해 만족스러운 결과를 얻지 못하기 일쑤예요.

모든 사람은 다른 사람으로 대체되지 않는 고유한 강점을 가지고 있어요. 하지만 대부분의 사람들은 자신의 장점이 무엇인지 모른 채 살아갑니다. 때로는 목표를 찾지 못해 정처 없이 방황하기도 하지요. 그래서 밝은 미래를 만들어 가고 싶다면 여러분의 강점을 정확하게 파악하고 활용해야 합니다.

그렇다면 자신의 강점을 어떻게 발견하고 활용해야 할까요? 여러분에게 도움이 되는 '꿈을 이루는 5가지 공식'을 소개합니다.

1. 무엇보다 먼저 자신의 성향을 파악하자

자신의 강점을 정확히 파악하려면 먼저 자신의 평소 성향을 파악해야 해요. 성향을 파악하는 방법은 다양합니다. 학급 활동이나 학교 행사, 친구들과의 관계, 선생님과의 관계 속에서도 여러분의 성향을 이해할 수 있어요. 그 밖에도 재능이나 성격 검사 같은 도구를 통해 자신의 능력을 상당 부분 파악할 수 있고요.

일단 자신의 재능을 파악했다면 이미 남들보다 유리한 위치에 올라선 셈이에요. 여기에 꾸준한 연습과 적극적인 행동까지 더한다면 더욱 좋겠지요.

2. 친구는 나 자신을 보여 주는 또 다른 거울이다

평소 친구들이 당신을 어떻게 대하나요? 친구들과 원만한 관계를 유지하고 있나요? 가끔씩은 친구들에게 당신과 함께 어울리는 이유가 뭔지 물어보세요.

성실하다거나 정직해서, 혹은 재미있거나 진지하다는 등 다양한 대답을 들을 수 있을 거예요. 이런 대답들이 바로 당신의 장점이에요. "당사자보다 옆의 구경꾼이 일을 더 잘 안다."라는 속담이 있듯이, 자신이 발견하지 못한 장점이 때로는 친구의 눈에 비치기도 해요.

3. 자기반성을 통해 자신의 재능을 한 단계 업그레이드하자

옛말 중에는 "하루에 자신을 세 번 반성한다."라는 말이 있습니다. 쉽게 이야기하면 정기적인 반성을 통해 훌륭한 사람이 될 수 있다는 뜻이에요.

물론 매일 세 번씩 자신을 되돌아볼 필요까지는 없어요. 그저 일정한 간격을 두고 자신에게 휴식과 반성의 시간을 주는 것만으로도 충분해요. 그 시간에 자신의 지난 행동을 돌이켜 보며 칭찬할 일과 바꿔 나가야 할 문제점을 찾아내는 거예요.

4. 타고난 재능을 일상생활에 녹여 내자

여기서 말하는 타고난 재능이란 학습에 도움이 되는 선천적으로 타고난 능력을 가리켜요. 예를 들어 숫자에 민감한 사람이라면 이과 수업뿐만 아니라 문과 수업에서도 그 능력을 활용할 수 있을 거예요.

저마다 타고난 재능이 다르듯, 재능을 삶에 녹여 내는 방법도 다르답니다. 자신의 타고난 재능과 성향을 학업에 적절히 녹여 낼 수 있다면 공부에서도 큰 즐거움을 경험할 수 있어요.

열심히 공부하고 자신을 성장시키기 위해 노력하는 한편 자신의 타고난 장점을 발굴한다면 자신에게 딱 맞는 꿈을 찾을 수 있을 거예요. 이처럼 자신의 장점을 효과적으로 길러 낼 수 있다면 여러분은 훨씬 풍요로운 삶을 살 수 있게 될 거랍니다.

02

시간 관리

매 순간을 기회로 활용하자

성장의 과정은 당연히 힘들다

새벽 4시 반, 아직 해가 뜨지 않은 캠퍼스에서 한 명의 학생이 조용히 도서관 문을 열고 들어갔습니다.

그 학생의 이름은 마이크였어요. 그는 매일 새벽 4시 반에 일어나 공부를 시작했죠.

친구들은 마이크를 이상하게 생각했어요. 하지만 마이크의 대답은 간단했습니다.

"성장하려면 당연히 힘들어야 한다고 생각해요. 편한 길로만 가다 보면 결국 아무것도 얻을 수 없거든요."

4년 후 졸업식에서 마이크는 최우수 학생으로 졸업했어요. 그리고 세계적인 투자 은행에 입사했습니다. 그제서야 사람들은 깨달았어요. 그가 매일 새벽에 쌓아 온 시간들이 모여 놀라운 결과를 만들어 냈다는 것을요.

고통 없이는 성장할 수 없다

나비가 번데기에서 나올 때를 생각해 보세요. 좁은 번데기를 뚫고 나오려면 엄청난 고통을 견뎌야 해요. 하지만 이 과정을 거쳐야만 아름다운 나비로 거듭날 수 있어요. 만약 누군가 도와준다며 번데기를 찢어 버린다면 온전한 나비가 되지 못합니다.

사람의 성장도 마찬가지예요. 편안함만 추구하다 보면 발전하지 못해요. 힘든 일을 피하려고만 하면 실력도 늘지 않고, 자신감도 생기지 않죠.

한 연구에 따르면 성공한 사람들은 보통 사람보다 세 배 더 많은 실패를 경험했다고 해요. 하지만 그들은 실패를 두려워하지 않았어요. 대신 실패에서 교훈을 얻고 더 나은 방법을 찾아 나갔습니다.

학창 시절의 어려움 역시 여러분을 성장시켜 줍니다. 어려운 수학 문제를 풀기 위해 머리를 쥐어짜고, 외울 게 많아서 잠을 줄이고, 시험 점수 때문에 스트레스를 받는 것들 말이에요. 물론 이런 과정들이 힘들기는 하지만, 이를 통해 끈기와 집중력, 문제 해결 능력을 기를 수 있습니다.

원래 성장 과정에서 가장 어려운 순간은 '이제 그만두고 싶다.'라는 생각이 들 때예요. 공부가 너무 어렵게 느껴지고 성적은 잘 오르지 않을 때 말이에요.

하지만 이런 순간에 우리는 진짜 성장을 이룰 수 있습니다. 포기하지 않고 한 걸음 더 나아갈 때 우리는 더 강해져요. 어제의 나보다 조금 더 발전한 오늘의 나를 만날 수 있어요.

집중력의 힘

아무리 무더운 여름이라도 햇빛만으로는 종이에 불을 붙일 수 없어요. 하지만 볼록 렌즈를 이용해 분산된 햇빛을 하나로 모으면 추운 겨울에도 종이나 나무에 불을 붙일 수 있어요. 과학자들이 물처럼 부드러운 빛을 하나로 모았을 때 무엇이든 파괴하는 강력한 레이저 무기가 탄생한 것처럼 말이에요.

이처럼 집중의 힘은 우리 삶에 거대한 변화를 가져다줄 수 있습니다. 수많은 사람이 실패하는 것은 그들의 재주가 부족해서가 아니에요. 자신의 모든 것을 쏟아붓지 못하고 집중하지 못하기 때문이에요.

하버드 학생들이 불평하지 않는 진짜 이유는 바로 여기에 있어요. 불평해 봤자 아무런 문제도 해결되지 않는다는 걸 잘 알고 있기 때문이에요. 그들은 모든 에너지를 학업에 집중시켜요. 그 결과 놀라운 성과를 얻을 수 있는 거죠.

우리도 마찬가지예요. 이것저것 신경 쓰며 에너지를 분산시키지 말고 지금 해야 할 가장 중요한 일에 모든 힘을 쏟아야 해요. 그때 비로소 자신도 놀랄 만한 결과를 얻을 수 있을 거예요.

시간은 모든 사람에게 공평하다

우리 모두에게는 하루 24시간이라는 동일한 시간이 주어져요. 부자든 가난하든, 똑똑하든 그렇지 않든 상관없이 말이에요. 그런데 왜 어떤 사람은 성공하고 어떤 사람은 그렇지 못할까요?

그 차이는 시간을 어떻게 사용하느냐에서 나옵니다. 성공한 사람들을 살펴보면 한 가지 공통점이 있어요. 바로 시간을 소중히 여기고 체계적으로 관리한다는 점이죠.

어떤 학생은 늘 "시간이 부족해서 공부를 못 했다."라고 말해요. 하지만 정말 시간이 부족한 걸까요? 하루를 되돌아보면 우리는 의외로 많은 시간을 낭비하며 살아갑니다. 스마트폰을 만지작거리거나, 의미 없는 영상을 보거나, 친구들과 수다를 떨면서 시간을 허비하죠.

시간 관리에서 가장 중요한 것은 '지금'에 집중하는 거예요.

과거의 실패에 얽매이거나 미래의 불안에 사로잡히지 않고 오직 지금 이 순간 할 수 있는 최선을 다하는 거죠.

불평할 시간이 있다면 그 시간을 더욱 충실하게 보내도록 노력해야 해요. 방황하지 말고 부지런히 발걸음을 옮기세요. 노끈으로 톱질해도 언젠가 나무를 자른다는 속담이 있어요. 작은 물방울도 계속 떨어지면 결국 돌을 뚫어요. 이것이 바로 시간의 힘이에요. 꾸준함의 힘이고요.

지금 이 순간부터 시작하세요. 거창한 계획이나 완벽한 준비는 필요 없어요. 지금 당장 책상 앞에 앉아서 펜을 들고 한 글자라도 써 보세요. 그것이 성장으로 가는 첫걸음이 될 거예요.

시간을 잘 관리한다는 것은 무작정 공부 시간을 늘리는 것과는 전혀 다릅니다. 공부할 때는 제대로 몰입하고 쉴 때는 온전히 쉬는 것이 중요해요. 이 두 가지가 균형을 이룰 때 시간은 비로소 당신을 성장의 길로 이끌어 줍니다.

하버드 대학교에는 이런 말이 있어요.

"개처럼 공부하고, 신사처럼 놀아라."

이 말은 단지 열심히 하라는 구호가 아닙니다. 몰입할 때는 모든 것을 걸고 집중하되 쉴 때는 완전히 내려놓고 여러분의 몸과 마음을 회복하라는 조언이에요.

하버드 학생들은 매일 엄청난 양의 과제를 해내야 하지만, 음악회나 연극 같은 문화 활동에도 적극적으로 참여해요. 취미 생활과 휴식을 통해 다시 공부에 집중할 수 있는 에너지를 만들어 내기 위해서죠.

올바른 학업과 휴식의 결합은 무척 단순한 일입니다. 열심히 공부했다면 잠시 공부를 완전히 잊은 채 최대한 긴장을 풀고 휴식을 만끽하세요. 지쳐 버린 우리의 몸과 마음은 적절한 휴식을 통해서만 재충전할 수 있습니다. 이때 얻은 에너지는 다음 단계의 성장을 위해 알토란같이 쓰이게 됩니다.

우리의 행동을 '가지치기'하자

과수원을 관리하는 농부는 나무를 관리하면서 열매가 달릴 수 있는 가지를 일부 잘라 내곤 합니다. 가만히 두면 꽃이 피고 열매가 열릴 텐데 왜 나뭇가지를 자르냐며 안타까워하는 사람들도 있어요.

하지만 나무를 더 튼튼히, 오래도록 자라게 하려면 과감하게 가치를 쳐 내야 합니다. 당장의 이익에 눈이 멀어 가지치기를 하지 않으면 가을 수확 때 얻을 수 있는 수확량이 크게 줄어들 뿐만 아니라 열매의 당도 역시 크게 떨어질 수 있어요.

우리들의 성장 역시 꽃이나 나무를 기르는 것과 다르지 않아요. 의미 없는 일에 소중한 에너지를 낭비하지 말고 자신의 모든 힘을 다해 자신의 삶을 '농사'지어야 미래에 탐스러운 열매를 맺을 수 있습니다.

뛰어난 재능이나 지식을 갖춘 사람이 되고 싶다면 머릿속에서 쓸데없는 생각을 모조리 몰아내세요. 그리고 배움의 과정에서 겪게 될 지루함, 따분함을 견뎌 내야 합니다. 대신 휴식을 취할 때는 마음껏 쉬세요.

세상에 공짜는 없습니다. 미래를 향한 큰 꿈을 가지고 있다면 자신이 좋아하는 것을 과감하게 포기할 줄 알아야 해요. 가위를 들고 일어나 여러분의 목표를 방해하는 유혹, 지금의 현실에 만족하게 만드는 안일함의 가지를 모조리 잘라 내세요.

우물을 파겠다고 이곳저곳 돌아다니며 삽질 몇 번씩 한다고 해서 물이 나올 리 없어요. 끝까지 한 우물만 파겠다는 끈기가 있어야 시원한 물을 얻을 수 있습니다.

성공한 사람들을 부러워하면서도 정작 그들의 성공은 자신과는 다른 세상의 이야기라고 생각하는 사람들이 있어요. 그렇게 제자리에서 푸념만 늘어놓을 바에야 자신의 집중력을 끌어올려 성장할 방법을 고민하는 편이 훨씬 생산적이지 않을까요?

성공한 사람들도 사실 우리와 크게 다르지 않아요. 그들이 성공하고 우리가 아직 성공하지 못한 이유는 집중력의 차이 때문입니다. 그들은 따분하고 반복되는 생활 속에서도 자신에게 주어진 일을 완벽하게 해내기 위해 온 힘을 기울였어요. 매일 자신의 목표를 이루기 위해 배움의 폭을 넓히고 지식의 깊이를 더했지요.

노력이 우리의 마지막을 결정한다

하버드 대학교를 졸업한 후 대만계 미국인으로서 처음으로 미국의 노동부 장관 자리에 오른 일레인 차오는 하버드에서 보낸 시간이 자신의 삶에서 무척 특별했다고 고백했어요.

하버드 대학교에 처음 들어갔을 때, 제 영어 실력은 엉망진창이었어요. 영어 단어 하나 알아듣지 못했거든요. 제가 할 수 있는 일이라고는 그저 칠판에 쓴 내용을 한 자도 빠뜨리지 않고 베껴 쓰는 게 고작이었답니다.

그때 제게는 하루하루가 전쟁이었고, 교실은 치열한 전쟁터였어요. 과제를 준비하지 못하는 날이면 차마 강의실 안에 들어갈 엄두도 나지 않았답니다. 혹시라도 교수님께 지목이라도 당하면 식은땀을 뻘뻘 흘리기 일쑤였어요. 당장 쥐구멍이라도 찾고 싶은 심정이었죠. 대답하지 못한다고 해서 교수님이 절 때리거나 혼내는 건 아니에요. 그저 날카로운 눈빛으로 뚫어져라 쳐다보는 게 고작인데, 몇 초에 불과한 시간이 제겐 영원처럼 느껴졌어요. 등에 수백 개의 가시가 꽂히는 느낌이랄까….

매일 수업이 끝나면 전 도서관에 달려가서 자료를 찾았어요. 과제를 모두 끝내고 나면 새벽 1시를 훌쩍 넘기곤 했죠. 하지만 어

이처럼 뼈를 깎는 노력 끝에 알파벳도 모르던 어린 소녀는 대
만계 미국인으로서 최초의 노동부 장관 자리에 앉는 영광을 차지
할 수 있었습니다.

물론 성공한 사람이라고 해서 모든 면에서 완벽하지는 않아
요. 그렇지만 최소한 그들에게는 평범한 사람에게서 볼 수 없는
장점이 있어요. 그것은 바로 한 가지에 무섭게 파고들 줄 아는 집
중력과 그칠 줄 모르는 성실함입니다.

많은 사람이 성공으로 향하는 지름길을 찾으려 하지만 결국
은 꾸준한 성실함이야말로 성공의 비결이라는 사실을 깨달아요.
실제로 성공한 사람들은 공통적으로 열심히 노력하는 좋은 습관
을 갖고 있어요. 누군가에게는 지루한 모습으로 보일지 모르겠지
만, 바로 그 과정을 통해 자신을 더욱 단단하게 다듬고 더욱 풍성
한 열매를 맺을 수 있는 비옥한 땅으로 변하는 거예요.

　지금 이 순간 졸고 있다면 꿈을 꾸겠지만, 공부하고 있다면 꿈을 이룰 거예요. 하버드 대학교에서는 학생들에게 한시도 방심하지 말라고 경고해요. 하지만 우리가 가진 시간과 에너지는 한정되어 있습니다. 그래서 우리는 효율적인 시간 관리를 통해 학업에 더욱 집중해야 해요.

　앞에서는 열심히 공부한 후에 충분한 휴식이 필요하다고 강조했어요. 여기서 말하고자 하는 것도 절대 쉬지 말라는 것은 아닙니다.

　아인슈타인은 "인생의 차이는 여가 시간에 달려 있다."라고 말했어요. 아인슈타인이 말한 여가 시간에는 두 가지 의미가 있습니다. 다시 배움에 에너지를 쏟을 수 있도록 우리의 몸과 마음을 재충전하는 의미, 그리고 몸을 쉬면서 우리 마음속의 열정을 불태우는 의미예요.

　20세기 초 수학자 사이에는 풀리지 않는 난제가 있었어요. 그런데 1903년, 프랭크 넬슨 콜이라는 학자가 이 난제를 증명하는 데 성공했지요. 그의 뛰어난 재능에 놀란 사람들은 문제를 증명하는 데 얼마나 오랜 시간이 걸렸냐고 물었어요. 그는 이렇게 답했습니다.

"지난 3년 동안 매주 일요일마다 이 문제를 증명하는 데 매달렸습니다."

학창 시절에는 시간이 넉넉한 것만 같아요. 아무리 써도 써도 시간이 많이 남은 것 같아 빈둥빈둥 하루를 보내기 일쑤지요. 하지만 오늘 여러분이 대충 보내 버린 시간은 누군가에게 인생을 바꾸는 시간일 수도 있습니다.

그럼에도 여전히 대부분의 사람은 성공한 사람의 화려한 겉모습만 부러워할 뿐 그들이 성공을 위해 뒤에서 얼마나 많은 구슬땀을 흘리는지 알지 못해요.

무대 위에서 1분 동안 자신을 보여 주기 위해 무대 아래에서 10년 동안 하루도 쉬지 않고 연습하는 무용가의 이야기를 들어 본 적 있나요? 성공이란 하늘에서 갑자기 '뚝' 하고 떨어지는 게 아니에요. 아무것도 없는 맨땅에서부터 하나하나 일궈 가고 쌓아 간 끝에야 얻을 수 있는 것입니다.

1분 1초가 <u>소중하다</u>

어느 날, 유명한 과학자이자 발명가인 벤저민 프랭클린에게 한 청년이 전화를 걸었어요. 직접 만나서 가르침을 받고 싶다는 간절한 부탁에 프랭클린은 전화로 만날 시간과 장소를 알려 주었습니다.

그로부터 며칠 뒤, 활짝 열려 있는 프랭클린의 집 대문 앞에 청년이 모습을 드러냈습니다. 그런데 대문 너머로 보이는 프랭클린의 집 내부는 엉망진창이었어요.

당황한 표정을 지은 청년을 발견한 프랭클린이 손을 번쩍 들며 인사했어요. "방이 좀 엉망이지? 1분만 기다려 주게." 이내 '쾅' 하는 소리와 함께 문이 닫혔어요. 그로부터 정확히 1분 뒤, 프랭클린은 문을 열고 청년에게 방으로 들어올 것을 권했습니다.

방 안에 들어서자마자 청년은 놀란 듯 두 눈을 크게 떴어요. 방금 전까지만 해도 엉망이었던 방이 흐트러짐 없이 말끔하게 정리된 것이 아닌가요! 게다가 고급스러운 포도주가 술잔에 담긴 채 두 사람을 맞이하고 있었어요.

뭐가 뭔지 모르겠다는 듯 멍한 표정을 짓고 있는 청년에게 프랭클린은 건배를 권하더니 청년에게 돌아가도 좋다고 말했어요. 당황한 표정의 청년이 아직 가르침을 받지 못했다고 대답하자,

프랭클린은 미소를 띤 채 자신의 방을 둘러보며 말했어요.

“아직도 부족한가? 지금 자네가 들어온 지 1분이 지났네.”

그제야 청년은 무슨 뜻인지 이해하고 고개를 끄덕였어요.

“무슨 말씀인지 알겠습니다. 1분이라는 짧은 시간 동안에도 이렇게 많은 일을 할 수 있고, 큰 변화를 일으킬 수 있다는 뜻이군요.”

늦었다고 생각할 때가 가장 빠른 때입니다. 짧은 시간에도 여러분은 놀라운 일을 해낼 수 있으니까요. 시간을 똑똑하게 활용한다면 공부와 휴식이라는 두 마리 토끼를 다 잡을 수도 있습니다.

사회적으로 성공한 사람들이 매일 수많은 업무를 소화하는 비결 역시 여기에 있습니다. 시간을 체계적으로 나누고, 짧은 시간을 효과적으로 이용한다면 열심히 공부하면서도 취미를 즐기거나 친구들과 즐거운 시간을 보낼 수 있을 거예요.

시간은 누구에게나 공평하다

우리 앞에 놓여 있는 상황은 모두 다릅니다. 더 여유롭게 사는 사람이 있는가 하면 우리보다 훨씬 못 사는 사람도 있습니다. 늘 전교 1등을 놓치지 않는 친구가 있는가 하면 언제나 아쉬운 성적표를 받아 드는 친구도 있지요. 그렇지만 모든 사람에게는 한 가지 공통적인 조건이 주어져요. 누구에게나 하루는 24시간으로 똑같다는 것이지요.

물론 똑같은 시간을 살아가지만, 시간을 어떻게 사용하느냐에 따라 우리의 삶은 완전히 달라질 수 있습니다. 우리보다 좋은 조건 아래 있는 사람을 넘어설 수도 있고, 남들보다 뒤처져 버릴 수도 있지요.

인생은 게임이 아니에요. 마음에 안 든다고 지금까지 지나온 시간을 모두 되돌려서 다시 시작할 수는 없습니다. 그렇기 때문에 시간을 낭비하는 것은 자신의 삶을 버리는 것과 다름없어요.

이미 흘러가 버린 시간을 되돌리지는 못하지만, 효과적으로 시간을 이용하는 방법을 익힌다면 앞으로는 한정된 시간 안에 더욱 많은 일을 해낼 수 있을 거예요.

성공한 사람들은 하나같이 시간을 금처럼 소중하게 다뤘어요. 성공한 사람이라고 더 많은 시간이 주어지지는 않습니다. 더 많은 일을 하기 위해 시간을 효과적으로 나누고 사용할 뿐이지요. 지금 여러분이 사용하는 시간 1분 1초가 훗날 여러분의 머리 위에 씌워질 월계관의 무게를 결정할 거랍니다.

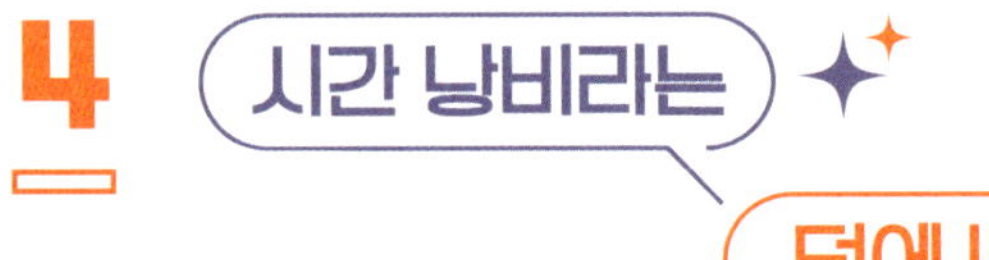

하버드 대학교에서는 꾸준함의 힘을 강조합니다. 매일 조금씩 성장해야 자신의 숨겨진 재능을 충분히 발휘할 수 있다고 가르치지요. 노력하지 않고 제자리걸음만 한다면 별다른 성과를 거두지 못해요. 아무리 대단한 재능을 타고났다고 해도 결국에는 잔재주가 될 뿐이지요.

오늘 달리지 않으면 내일은 뛰어야 해요. 시간을 소중히 쓰라는 이야기를 귀에 못이 박히도록 들으면서도 결국 시간을 낭비해 버리는 사람이 적지 않습니다.

시간을 소중히 쓴다는 것은 도대체 무슨 뜻일까요? 또 어떻게 해야 시간을 아껴 쓸 수 있을까요? 시간을 아껴 쓴다는 것은 말 그대로 1분 1초도 허투루 쓰지 않고 지금 당장 행동하는 것을 말해요. 지나간 시간을 원망하며 내일이 오기를 막연히 기다릴 바에야 열심히 노력하며 오늘 하루에 최선을 다하는 편이 더 현명하지 않을까요?

긴 시간 최선을 다한다는 것이 어렵게 느껴질지도 몰라요. 하지만 오늘 하루만 열심히 노력하는 것은 그리 어렵지 않습니다. 아침 일찍부터 밤늦도록 자신이 해야 할 일에 정신없이 매달리면 끝이니까요. 이렇게 하루하루 반복하다 보면 매일이 쌓여 긴 시간이 된답니다.

세계 최대의 화학회사인 듀폰의 회장 크로포드 그린월트는 회사를 운영하느라 정신없이 바쁜 와중에도 벌새를 연구하는 데 하루에 1시간을 투자했어요. 심지어 벌새를 촬영하기 위해 전문 장비를 구입하기도 했습니다. 이러한 노력의 결실로, 훗날 그가 쓴 벌새에 관한 책은 전문가들로부터 생물학계의 발전을 이끈 걸작이라는 극찬을 받았어요.

매일 너무나 바쁘게 살아가는 우리에게는 정작 하고 싶은 일을 할 수 있는 시간이 부족합니다. 그래서 대부분의 계획을 이루지 못해요. 하지만 흔들리지 않는 의지를 갖고 자신의 관심사에 하루에 1시간씩 투자하는 사람들도 있어요. 그들을 가만히 살펴보면 바쁜 사람일수록 자신을 위해 확보한 시간을 무척 알뜰하게 쓴다는 사실을 발견할 수 있지요.

그리스 출신의 엘리베이터 수리공 니콜라는 평소 과학에 관심이 많았습니다. 그는 자신의 지적 호기심을 충족하기 위해 매일 퇴

근 후 약 1시간 동안 핵물리학 분야의 책을 읽기 시작했어요. 책을 읽으며 지식이 쌓여 갈수록 니콜라는 새로운 입자 가속기를 만들어 보고 싶다는 꿈을 품기 시작했어요.

당시 사용 중이던 입자 가속기에 비해 자신이 설계하려는 입자 가속기는 비용이 저렴한 데다 성능마저 뛰어날 것이라는 확신이 들었거든요. 자신의 설계도를 미국 원자력 위원회에 보낸 니콜라는 실험과 개선 작업을 통해서 약 7천만 달러를 절약할 수 있음을 증명해 냈어요. 그 공로를 인정받아 니콜라는 1만 달러의 상금과 함께 캘리포니아 대학교의 방사선 실험실에서 일할 기회를 얻었답니다.

성공한 사람과 실패한 사람은 시간 관리에서 가장 큰 차이를 보여요. 많은 사람이 몇 분 혹은 몇 시간 정도로는 아무런 차이가 없을 거라고 생각하지만, 1분이라는 짧은 시간도 계속 쌓이면 우리 삶 전체를 바꿀 만큼 긴 시간이 됩니다.

경영학의 대가 피터 드러커는 시간 관리의 중요성을 여러 차례 강조했어요.

"시간을 관리할 줄 모르는 사람은 어떤 일도 제대로 관리하지 못합니다. 세상에서 가장 소중한 자원인 시간조차 제대로 관리하지 못하면서 다른 일을 잘할 것이라는 기대 자체가 무리입니다.

그런 사람은 그저 아무것도 이루지 못한 채 시간만 허비할 뿐이지요."

시간 관리는 사실상 시간과의 싸움이에요. 흘러가는 시간보다 빠르게 움직이고 상황에 따라 속도를 조절할 줄 알아야 시간을 제대로 관리할 수 있어요.

시간 낭비는 서서히 자신을 해치는 것과 다름없어요. 한정된 시간을 아무 의미 없이 보낸다는 것은 자신의 가치를 스스로 떨어뜨리는 길이지요. 그러니 자신의 삶을 소중히 여긴다면 1분 1초라도 허투루 보내지 마세요. 그래야 자신의 목표를 이룰 수 있어요. 남보다 더 성공하고 싶다면 남과 똑같이 노력해서는 안 돼요. 더 열심히 일하고 공부해야 해요. 24시간이라는 똑같은 조건에서 더 나은 결과를 얻고 싶다면 시간을 아껴 최선을 다하는 것 외에 다른 방법은 없습니다.

03

감정 관리

마음을 다스려야
삶을 다스릴 수 있다

1

마음이 건강해야 몸도 건강하다

마음속의 걱정이나 우울함을 표현할 때 흔히 "힘들어 죽겠다."라고 말해요. 단순히 짜증을 표현하는 말일 수도 있지만, 실제로 장기간 스트레스를 해소하지 못하면 건강을 해치기 쉽습니다.

한 의사의 증언에 따르면, 자신이 돌보는 우울증 환자의 절반 이상이 몸의 면역력까지 크게 떨어졌다고 해요. "환자들의 면역력 저하에 가장 큰 영향을 미치는 것은 오랫동안 마음속에 담아 둔 분노와 후회였습니다." 의사의 설명처럼 지친 정신이나 감정은 몸의 질병으로 이어질 수 있어요.

하루하루를 긴장 속에서 보내면서 성적에 대한 압박을 받다 보면 금세 몸이 피로해지고 우울감을 느끼기도 합니다. 분노, 스트레스, 두려움 등의 부정적인 감정이 우리의 마음을 가득 채운 상황에서는 건강한 미래를 설계할 수 없어요. 그래서 정기적으로 마음의 때를 씻어 내고 심리적인 안정을 찾는 작업이 필요하지요.

특히 청소년기에는 학업 스트레스 외에도 친구 관계에서 받는 스트레스, 미래에 대한 불안 등 온갖 부정적인 감정이 쌓이면서 여러분의 어깨를 짓눌러요. 적당한 압박감이나 초조함은 자신을 채찍질할 수 있는 자극으로 작용하기도 하지만, 한계를 넘어서면 우리를 순식간에 무너뜨릴 수 있어요.

심리학자들은 스트레스를 양날의 검이라고 말해요. 과도한 스트레스는 건강을 해치지만, 적당한 스트레스는 지금 하고 있는 일에 더욱 집중하고 몰두할 수 있도록 긴장감을 심어 주기도 하거든요. 그래서 스트레스를 적절하게 관리하면 우리 몸과 마음을 건강하게 유지하면서도 공부 효율을 더욱 높일 수 있습니다.

하버드에서는 스트레스를 관리하기 위한 몇 가지 방법을 가르쳐 주고 있어요.

1. 감정 표현하기

슬픈 일이 있을 때 생각나는 대로 글을 쓰는 사람이 있어요. 마음속에 담아 둔 이야기를 글을 통해 한바탕 쏟아내고 나면 마음이 한결 가벼워진다는 것입니다. 이처럼 감당하기 어려울 정도로 스트레스를 받는 상황에서는 슬픔을 표현하는 게 큰 도움이 됩니다. 글을 쓰든, 친한 친구와 이야기를 나누든, 눈물을 한바탕 쏟아내든 상관없어요. 중요한 건 표현이니까요. 다만 여기서 한 가지 주의할 점은 자신의 감정에 솔직하더라도 남에게 피해를 줘선 안 된다는 거예요. 다른 사람은 물론 자기 자신을 해치는 방식으로 슬픔을 표현하지 않도록 주의하세요.

2. 다른 활동 찾기

다양한 활동을 통해서 정신적인 스트레스를 다른 곳으로 돌리고 긍정적인 감정을 불러일으키는 것 역시 좋은 방법이에요. 운동, 그림 그리기, 혹은 다른 취미 활동에 매달리는 것도 괜찮아요. 일단 자신의 부정적인 감정을 다른 곳으로 돌리거나 잊게 해 줄 무언가를 찾게 되면 스트레스가 크게 줄어드니까요.

3. 저항력 높이기

스트레스의 원인은 사람마다 다릅니다. 그러나 실제로 느끼는 정신적인 스트레스의 크기는 스트레스에 대한 저항력과 반비례해요. 쉽게 말해서 똑같은 크기와 강도의 스트레스라고 해도 저항력에 따라 사람마다 다르게 받아들인다는 거예요. 저항력이 높은 사람일수록 스트레스에 덜 민감하지만, 저항력이 떨어진다면 스트레스에 민감하게 반응할 수밖에 없습니다.

저항력을 높이려면 삶의 어려움을 받아들이는 마음가짐이 중요해요. 인생이라는 음악에 어려움 앞에서도 당당할 수 있는 멜로디를 넣는다면 여러분의 인생은 더욱 아름다운 화음으로 울려 퍼질 거예요. 삶이란 항상 즐겁거나 슬플 수만은 없어요. 기쁨, 분노, 슬픔, 즐거움이 한데 어우러질 때 비로소 멋진 소리를 들려줄 수 있답니다.

4. 현실적인 목표 정하기

스트레스를 적절하게 관리하려면 자신이 달성하려는 목표와 명확한 기준을 정하세요. 현실적이지 않은 목표는 실패로 끝나기 쉬워요. 그리고 계속해서 목표 달성에 실패하다 보면 스트레스에 시달리면서 점점 자신감을 잃게 됩니다. 그렇다고 눈높이를 지나치게 낮추면 더 나은 자신이 되기 위한 열정을 잃고 제자리에 머물 수 있어요. 그래서 여러분의 상황에 맞게 목표를 정하고 하나씩 단계를 높여 가는 지혜가 필요합니다.

삶은 우리의 바람대로 흘러가지 않아요. 행복하고 즐거운 삶을 살고 싶다면 스스로 스트레스를 덜 수 있는 방법을 찾아야 해요. 그래야 실패와 좌절에 무릎 꿇지 않고 하루하루 즐겁게 살 수 있습니다.

스트레스를 관리하지 못하는 사람은 결코 성공할 수 없어요. 성공적인 삶의 가장 기본적인 조건은 건강한 몸과 마음, 긍정적인 생각이니까요.

2

하버드 대학교에서는 재미있다고 해서 반드시 즐거운 것은 아니라고 가르칩니다. 재미가 무언가를 할 때 얻게 되는 다소 충동적인 감정이라면 즐거움은 무언가를 끝낸 뒤에 느낄 수 있는 성취감이에요. 쉽게 말해서 즐거움이 재미보다 좀 더 깊이 있고 오래가는 감정이라고 할 수 있지요.

놀이공원에 가서 신나게 놀거나, 스포츠 시합을 보거나, 영화를 보는 것 등은 긴장을 풀어 주고 고민을 잠시나마 잊게 해 주는 활동이에요. 때로는 배꼽을 잡고 웃을 만큼 큰 웃음을 선사하지요. 하지만 반드시 진정한 즐거움을 주는 것은 아니에요.

재미로 가득한 삶이 즐거움이라고 생각하는 사람도 있지만, 그렇게 생각하면 진정한 즐거움을 느낄 기회를 놓쳐 버릴지도 몰라요. 재미가 곧 즐거움이라면 고통은 결코 즐거울 수 없겠지요. 하지만 현실은 그렇지 않아요. 우리의 삶을 즐겁게 만들어 주는 것 중에는 종종 힘든 과정이나 시련 같은 요소가 포함되어 있거든요.

어떤 소설가는 즐거움에 관한 자신만의 정의를 소개하기도
했어요.

"나도 물론 재미를 찾아요. 테니스를 치기도 하고 수다를 떨
기도 해요. 다양한 방법으로 재미를 추구하지만 이러한 방식은 내
게 진정한 즐거움을 선사해 주지 않아요. 글쓰기나 아이를 기르는
육아, 원만한 부부관계, 완벽한 일 처리를 위한 노력에서 나는 진
정한 즐거움을 느껴요. 짧게 스치고 지나가는 재미로는 전혀 경험
할 수 없는 무척 소중한 감정이죠."

마음가짐에 따라 세상을 바라보는 눈이 바뀐다

어느 날, 한 사람이 주유소에서 차에 기름을 넣고 있었어요. 그는
한가롭게 일상을 만끽하며 어느 때보다도 기분이 좋은 상태였지
요. 그런데 주유소에 서 있던 한 젊은이가 갑자기 다가와 몸이 괜
찮은지 물었어요.

"네? 특별히 아픈 데도 없고 컨디션도 좋은데요."

"아닌 것 같은데, 분명 건강이 안 좋은 것 같아요."

"그럴 리가요. 더 이상 좋을 수 없을 정도로 기분도 최고랍니다."

“안색이 영 안 좋아 보여요. 얼굴도 누렇게 변한 걸 보니 어디가 아파도 단단히 아픈 것 같은데….”

대수롭지 않다는 듯 주유소를 빠져나오던 남자는 잠시 차를 세우고 거울을 봤어요. 자동차 거울로 들여다본 자신의 얼굴은 청년의 말처럼 유독 누렇게 보였습니다.

집으로 돌아온 남자는 자신의 얼굴이 누렇게 변한 이유를 찾기 시작했어요. ‘간에 문제가 있나? 병에 걸렸는데 내가 모르는 거 아냐?’ 초조한 마음을 숨길 수 없던 남자는 자신이 아픈 이유를 찾는 데 매달렸지만 도무지 이유를 찾지 못했어요. 괜히 여기저기 아픈 것 같은 기분에 두통까지 생길 지경이었지요.

며칠 뒤 똑같은 주유소에 들른 남자는 마침내 그 이유를 알아냈어요. 주유소 위의 조명이 유독 노란색이었던 거예요. 그러다 보니 다른 사람들의 안색도 누렇게 뜬 것처럼 보였지요.

마음을 어떻게 먹느냐에 따라 삶은 즐거울 수도, 고통스러울 수도 있습니다. 우리가 태도를 살짝만 바꿔도 즐거움과 고통에 대한 기존의 생각이 전혀 달라질 수 있어요. 적극적이고 긍정적인 태도는 성공을 위한 필수 조건이에요. 좌절에 직면했을 때 마음을 다르게 먹으면 전혀 다른 결과를 얻게 되죠.

실제 사례를 살펴볼까요? 나폴레옹은 대부분의 사람들이 원하는 명예와 권력, 돈을 모두 손에 넣었지만 단 한 번도 즐거운 적이 없었다고 고백했어요. 반면 미국의 작가이자 교육가인 헬렌 켈러는 아무것도 볼 수 없고 들을 수도 없었으며 말을 할 수도 없는 장애를 가지고 있었어요. 누가 봐도 힘들었을 것이 분명한 삶을 살았을 텐데도 헬렌 켈러는 삶이란 그 무엇보다도 아름답다고 말했습니다.

세상에서 자신보다 불쌍한 사람은 없다고 생각하다 보면 어느새 그 삶은 주변과 단절되면서 실제로 고통스럽게 변합니다. 반대로 지금의 삶이 무척 행복하고 즐겁다고 생각하면 미래의 삶은 더욱 밝고 희망찰 거예요.

3

세 가지 방법

가끔 화를 내는 것이 큰 잘못은 아니에요. 누구나 살면서 자신의 뜻과는 다르게 속상하고 불쾌한 일을 겪게 마련이니까요. 오히려 화나는 감정을 꾹꾹 눌러만 둔다면 마음에도, 몸에도 좋지 않은 영향을 줄 수 있어요.

분노는 감정 중에서도 특히 강한 에너지를 지녔어요. 그래서 이 감정을 어떻게 다루느냐에 따라 사람의 성격이나 관계가 달라질 수 있죠.

물론 아무도 자신의 분노로 인해 주변 분위기가 뒤숭숭해지는 걸 원하지는 않을 거예요. 그래서 많은 사람이 분노를 참으려고 노력합니다. 하지만 분노는 단순히 잘라 내 버릴 수 있는 감정이 아니에요. 눈에 보이지 않는 깊은 감정들이 엉켜 있다가 '분노'라는 모습으로 드러나는 거죠.

그러니 감정을 감추는 데 급급하기보다는 왜 화가 났는지를 스스로에게 물어보는 게 더 중요해요. 그렇게 하면 감정이 폭발하기 전에 조용히 그 흐름을 멈출 수 있어요.

심리학에서는 분노를 세 가지 유형으로 나누고 각 유형에 맞는 해결 방법을 제시해요.

1. '마른하늘에 날벼락' 같은 폭발형 분노

동생이랑 게임을 하다가 살짝 장난을 쳤는데, 갑자기 동생이 소리를 지르며 방을 박차고 나간다고 생각해 보세요.

"진짜 짜증 나! 다시는 안 놀아!"

늘 하던 장난인데 왜 갑자기? 여러분도 당황스럽고 억울한 마음이 들겠지요.

분노는 원래 작은 스트레스가 쌓이고 쌓이다가 어느 순간 한꺼번에 폭발하면서 나타나요. 마치 무너지는 댐처럼 말이에요. 그렇다면 이런 폭발을 막으려면 어떻게 해야 할까요?

놀랍게도 분노는 평균 12초 정도면 사라진다고 해요. 이 12초 동안만 감정을 잘 다스릴 수 있다면 상황은 완전히 달라질 수 있어요.

심호흡을 하거나 천천히 12까지 숫자를 세어 보세요. 그런 다음 상대에게 여러분의 마음을 차분하게 표현하는 거예요.

이런 방식은 감정을 누르지도 않고, 그렇다고 남에게 상처 주지도 않으면서 자신의 감정을 건강하게 전달하는 방법이에요.

2. '괜찮아'라는 말 속에 숨겨진 은둔형 분노

"아니야, 난 진짜 괜찮아."

남들과의 관계 때문에 겉으로는 웃지만 속으로는 화가 치밀어 오를 때가 있지는 않나요? 이런 식의 분노는 몸과 마음을 점점 지치게 만들어요.

어릴 때부터 우리는 "화를 내면 안 된다.", "예의 바르게 참아야 한다."라는 말을 많이 들어요. 그래서 화가 나도 꾹 참고 아무렇지 않은 척 행동하는 습관이 생기기 쉽지요.

하지만 감정을 계속 감추기만 하면 결국 자신이 무너질 수도 있어요. 그런 일이 생기기 전에 차근차근 자신의 감정을 표현하는 연습을 해 보세요. 누군가가 나를 부당하게 비난한다면 단호하게 대답해야 합니다.

"그건 내 입장에서는 다르게 느껴졌어."

혹은, 나를 상황 밖에서 바라보는 연습을 해 보세요.

'내가 친구라면 뭐라고 조언해 줄까?'

　　이렇게 감정을 알아차리고 표현하는 연습이 쌓이다 보면 상대도 점점 당신의 방식에 익숙해지고 스스로도 감정에 휘둘리지 않게 될 거예요.

3. 입으로는 웃지만
　　마음으로는 웃지 않는 조롱형 분노

　　"늦게 와 줘서 정말 다행이네. 메뉴 고민할 시간 생겼잖아?" 겉으론 농담 같지만, 듣는 사람은 찜찜해요. 이게 바로 조롱형 분노의 특징이에요. 분노를 직접적으로 표현하는 대신 비꼬거나 빈정거리는 말로 감정을 전하는 거죠.

　　하지만 이런 방식은 오히려 관계를 더 멀어지게 만들어요. 특히 친한 사이에는 더 크게 상처를 줄 수 있지요. 그래서 솔직하고 부드러운 표현 연습이 필요합니다.

　　자주 늦는 친구를 기다릴 때는 미리 마음을 다잡고 이렇게 말해 보세요.

　　"기다리는 동안 좀 서운했어. 다음엔 시간 잘 맞추자!"

　　비꼬는 말보다는 단정하면서도 따뜻한 표현이 훨씬 효과적이에요. 감정을 다스릴 줄 아는 사람이 정말로 멋진 사람입니다.

우리는 매일 다양한 역할을 수행하며 살아가요. 그만큼 다양한 감정도 느끼게 되죠. 그중에서도 분노는 피할 수 없는 감정이에요. 하지만 이 감정을 어떻게 다루느냐에 따라 사람의 관계, 인격, 심지어 인생도 달라질 수 있어요.

화를 잘 다스린다는 건 억지로 참는 게 아니라 스스로의 감정을 이해하고 건강하게 표현하는 힘이에요. 그 힘이 쌓이면 더 많은 사람과 깊이 있는 관계를 맺고 자신에 대한 자존감도 단단해질 수 있어요.

분노는 나쁜 감정이 아니라 나를 지키는 신호일 수 있어요. 이제는 그 감정을 더 나은 방향으로 이끄는 법을 배워 보는 건 어떨까요?

시험을 볼 때 평소에 잘 풀던 문제를 엉뚱하게 틀려서 속상했던 적이 있지 않나요? 분명 이해했다고 생각했던 내용인데 시험지만 받으면 머릿속이 새하얘지고 이상한 선택지를 고르게 되죠. 이런 일이 반복된다면 흔히 있는 실수로 넘기기보다는 그 실수 뒤에 숨어 있는 원인을 찬찬히 들여다보는 게 좋아요.

실제로 많은 경우 이런 실수는 단순한 공부 방법이나 태도의 문제가 아니라 마음 상태, 즉 심리적인 요인과 깊이 관련되어 있어요. 시험은 실력을 겨루는 '마음의 시합'과도 같기 때문에 지식만큼이나 감정 관리가 중요하답니다.

운동선수들이 중요한 경기를 앞두었을 때 자신만의 루틴을 만들고 긴장을 푸는 연습을 하는 것도 같은 이유예요. 경기에 나선다는 건 단순히 실력을 보여 주는 자리가 아니라 긴장과 불안, 초조함을 이겨 내는 싸움이기도 하니까요. 우리도 마찬가지예요. 시험이라는 시합에 나서는 선수처럼 마음의 준비를 해야 합니다.

긴장에 흔들리지 않는 마음을 기르자

우리의 감정은 스위치를 누르듯이 손쉽게 껐다 켰다 할 수 있는 게 아니에요. 그러다 보니 긴장감에 휩싸여 자신도 모르게 실수를 하거나, 초조함에 휘둘려 후회할 행동을 하기도 하죠.

그런데 감정에 휘둘리지 않고 자기 감정을 조절할 수 있는 능력이야말로 성공한 사람들의 공통점이에요. 감정이 자신의 집중력을 흐트러뜨리지 않도록 통제하는 능력은 공부뿐 아니라 인생 전체에 걸쳐 아주 중요한 무기가 되거든요. 이런 감정 조절 능력을 '자기 통제력'이라고 부릅니다.

자기 통제력은 우리 삶에 매우 큰 영향을 미쳐요. 충동을 이기지 못하고 욱하거나 불안에 질려 멈춰 버리는 순간 우리는 기회를 놓치게 되지요. 반면 감정을 다스릴 줄 아는 사람은 실력 이상으로 성장할 가능성이 훨씬 높아요.

흔들리는 감정은 몸에도 큰 영향을 미쳐요. 계속 긴장하거나 걱정에 시달리다 보면 피로가 쌓이고 집중력도 급격히 떨어지죠. 실제로 하버드 대학교에서 1,600여 명의 심장병 환자를 조사한 결과 불안, 우울, 적대감이 강한 사람일수록 심장병에 걸릴 확률이 일반인보다 3배나 높았다고 해요.

즉, 감정 다스리기는 단순히 '공부 잘하는 법'이 아니라 내 몸과 마음을 건강하게 만드는 일이에요. 그래서 하버드에서는 긴장 감과 불안감을 효과적으로 없애는 실천 방법을 몇 가지 소개하고 있습니다.

1. 규칙적인 생활을 하자

몸의 리듬은 감정에도 영향을 줍니다. 피곤할 때, 공복일 때, 혹은 밤늦게까지 깨어 있을 때 우리는 평소보다 감정적으로 예민 해지기 쉬워요. 올바른 감정 조절은 잘 자고, 잘 먹고, 잘 움직이는 것부터 시작됩니다.

아침형 인간이 아니더라도 일정한 시간에 자고 일어나며 하 루 루틴을 안정적으로 만들면 감정 기복이 줄고 마음의 중심을 잡기 쉬워져요.

2. 틈틈이 몸을 움직이자

운동은 움직이는 치료제예요. 걷기나 스트레칭 같은 가벼운 운동은 뇌를 깨우고 기분을 맑게 해주는 등 우리 몸에 긍정적인 변화를 가져옵니다. 하루 10분만이라도 땀을 흘리고 나면 몸과 마음에서 독이 빠져나가는 느낌을 받을 수 있을 거예요.

3. 긍정적인 생각을 하자

앞서 말했듯이, 우리가 어떤 마음으로 세상을 바라보느냐에 따라 세상은 얼마든지 달라집니다. 한 가지 문제를 놓고 계속 비관적으로 생각하면 마음도 점점 가라앉아요. 반대로 긍정적인 마음을 먹고 '이 일에서 내가 배울 수 있는 건 뭘까?'라고 질문하면 그 순간에도 성장할 수 있어요.

하버드 대학교의 추적 조사에 따르면 시험 합격, 승진 등 사회적인 성취를 이룰 수 있었던 이유 중 가장 큰 부분이 긍정적인 태도였다고 해요. 그러니 시험이든 인생이든 결국 나를 승리로 이끄는 건 '마음의 힘'인 셈이죠.

시합형 선수는 실력도 중요하지만, 자신을 믿고 끝까지 흔들리지 않는 마음을 가진 사람이에요. 삶이 언제나 우리 뜻대로 되진 않을 거예요. 그래도 매 순간을 '경기'처럼 대한다면 우리는 지지 않는 사람이 될 수 있어요.

매일 아침 눈을 뜨며 다짐해 보세요.

"오늘만큼은 내 감정을 내가 이끌 거야."

그 다짐 하나가 여러분을 한층 더 단단하게 만들 거예요.

04
정직
정직은 지혜보다
아름답게 빛난다

1

가장 비열한 행동, 부정행위

　미국에는 4천 개가 넘는 대학교가 있습니다. 다들 알다시피 미국의 대학 교육은 세계 최고 수준으로 평가받죠. 그중에서도 하버드 대학교는 학문에 대한 진지한 태도와 철저한 정직성을 가장 중요하게 여기는 곳으로 유명해요.

　하버드에 입학하면 가장 먼저 마주하게 되는 것이 바로 '명예 수칙'이에요. 이는 단순한 규칙이 아니라 학생이 진지한 자세로 학문에 임하겠다고 서약하는 일종의 다짐입니다. 이 서약에 동의하지 않으면 아무리 우수한 성적을 지닌 학생이라도 입학할 수 없어요.

　부정행위, 표절, 베끼기 같은 행동은 하버드에서 가장 비열한 행동으로 간주돼요. 하버드에서는 부정행위를 절대 용납하지 않아요. 그 어떤 이유로도 변명할 수 없습니다.

　하버드의 엄격한 규칙은 지식이란 단순히 많이 아는 것이 아니라 스스로 생각하고 남의 생각을 훔치지 않는 데서 시작된다는 철학 위에 세워졌어요. 실제로 교수들은 학생이 작성한 글에 인용한 문장이 있으면 그것이 믿을 수 있는 자료인지, 출처를 적절하게 밝혔는지를 꼼꼼히 확인합니다. 단순히 글을 잘 쓰는지 평가하기보다는 자기만의 생각으로 글을 쓸 수 있느냐를 더 중요하게 보는 거예요.

"변명의 여지가 없습니다"

2005년, 하버드 대학교는 엄청난 결정을 내렸어요. 입학이 예정되어 있던 119명의 학생에게 합격을 취소한다는 안내문을 보낸 거예요. 그 이유는 이들이 하버드 입학 전형 시스템의 보안 허점을 파악하고 본인의 합격 여부를 몰래 열람했다는 것이었어요. 하버드는 이 행동을 단순한 호기심이나 실수로 보지 않았습니다. '신뢰를 심각하게 훼손한, 변명의 여지가 없는 행위'라고 판단한 거죠.

당시 하버드 대학교의 총장은 이렇게 말했습니다.

"하버드는 성적만 보는 학교가 아닙니다. 정직한 태도, 바른 판단력, 양심을 갖춘 사람만이 하버드에서 공부할 수 있습니다."

학생이 가진 실력만으로는 부족하다는 뜻이었습니다. 바른 인성과 정직한 성품이 뒷받침되지 않으면 아무리 똑똑해도 하버드에서 공부할 수 없다고 못 박은 거예요.

하버드는 학생이 자신만의 생각을 길러 나가는 힘인 '독립적인 사고력'을 가장 중요한 가치로 여겨요. 그래서 모든 신입생에게 《하버드 학습 생활 가이드》라는 책을 나눠 주는데, 이 책에는 이런 문장이 있습니다.

"독립적인 사고는 우리가 추구하는 최고의 가치이다. 다른 사람의 저작물을 자신의 것으로 둔갑시키는 표절은 가장 나쁜 행동이다."

학생들은 매 학기마다 자신이 절대 표절을 하지 않으며 혹시 실수로 표절을 하더라도 그에 따른 처벌을 기꺼이 받겠다는 서약에 서명해야 해요. 실수든 고의든 남의 생각을 훔치는 것은 가장 비열한 행동이라는 사실을 계속해서 각인시키는 거죠.

나만의 생각을 스스로 찾자

하버드 대학교에서는 교수들도 정답을 쉽게 알려 주지 않아요. 정답을 정해 주는 것이 아니라 학생 스스로 고민하고 자료를 찾으며 답을 발견하도록 유도하죠. 도서관에서 자료를 조사하고 여러 관점을 비교하면서 나만의 답을 찾아가는 과정이 교육의 핵심이에요.

그래서 하버드에서는 질문하는 것을 망설이지 않아요. 어설픈 질문이라도 괜찮아요. 중요한 건 정답을 말하는 게 아니라 자기만의 생각을 가지고 대화에 참여하는 자세니까요.

정답보다 더 중요한 것이 있다

남의 의견을 그대로 따르지 않고 자신만의 시선으로 문제를 바라보고, 의심하고, 질문하고, 검증하는 힘. 그것이 바로 독립적인 사고력이에요.

이 능력이 있으면 사회에 나가서도 참신한 아이디어와 새로운 해결책을 제시할 수 있는 사람이 될 수 있어요. 단순히 지식을 외우는 것을 넘어서 지식을 다루고 확장하는 사람이 되는 거예요.

여러분은 단순히 배우는 존재가 아닙니다. 배우는 동시에 스스로 미래를 만들어 가는 존재이지요. 그래서 정직함, 성실함, 독립적인 생각은 그 자체로 평생의 자산이 됩니다. 아무리 세상이 빠르게 변하고 기술이 발달해도 스스로 생각할 줄 알고 남의 것을 훔치지 않는 사람은 존중받을 수 있어요.

표절은 그저 규칙을 어기는 것이 아니라 자신을 배신하는 일
이에요. 진짜 실력자는 자기만의 생각으로 세상에 도전하는 사람
이에요. 여러분도 그렇게 당당하게 자기만의 길을 걸어가는 사람
이 되길 바랍니다.

2

"진실한 말은 우리가 가진 가장 소중한 보물이다. 그러니 소중히 사용하라."

미국의 소설가 마크 트웨인이 남긴 이 말은 지금의 우리에게도 여전히 유효해요. 아름다운 인품을 지닌 사람은 반드시 정직하고 성실한 태도를 바탕에 두고 살아가거든요.

다른 사람은 물론 자기 자신에게조차 솔직하지 못하면 인격은 결코 단단해질 수 없어요. 지금 당장은 티가 나지 않을 수도 있지만, 시간이 흐르면 스스로 알게 돼요. 정직하게 살았던 날들이 얼마나 큰 신뢰의 자산이 되어 돌아오는지를 말이에요.

우리가 바른 사람으로 성장하고 싶다면 그 출발점은 결국 신뢰와 정직이에요. 특히 어려운 때일수록 자신의 양심과 도덕을 지키는 태도가 필요하지요.

많은 사람들이 실제로 양심적이지 못한 삶을 살면서도 스스로를 합리화해요. '이 정도는 괜찮겠지.' '설마 들키겠어?' 하면서 말이에요.

그렇게 자기합리화를 반복하다 보면 거짓말이 어느 순간 습관이 됩니다. 언젠가는 다른 사람을 넘어 자기 자신까지 속이는 사람이 될 거예요.

자기합리화를 피하기 위해서 우리에게는 있는 그대로의 자신을 마주하는 용기가 필요해요. 나의 부족함과 실수, 욕심을 인정하고 바로잡으려는 태도가 진짜 용기예요. 자신을 포장하지 않고 거짓이라는 유혹 앞에서 멈출 수 있는 사람이 결국 더 멀리 나아갈 수 있습니다.

카멜레온은 주변 환경에 따라 몸의 색깔을 바꿀 수 있어요. 그래서 천적에게 쉽게 들키지 않죠.

우리 주변에도 카멜레온 같은 사람들이 있어요. 상황에 따라 태도가 달라지고 입장을 바꾸는 사람이죠. 그들은 처음에는 사람들을 잘 속이는 것 같지만, 시간이 지날수록 진짜 모습이 드러나게 돼요.

카멜레온처럼 태도와 입장을 바꾸며 거짓말을 반복하는 사람은 늘 불안에 시달리며 살아가요. '거짓'이라는 가면을 계속해서 붙들고 살아가야 하기 때문이에요. 겉으로는 화려해 보일지 몰라도 속은 텅 비어 있는 사람이 되는 거예요.

한 부부가 조그만 술집을 열었어요. 그들은 술을 직접 만들어 손님들에게 대접하며 하루하루 성실하게 장사를 했어요. 그 결과 가게는 점점 유명해졌고 손님들도 점점 늘어났습니다.

하지만 술이 자주 떨어지게 되자 아내는 몰래 술에 물을 타기 시작했어요. 이를 알게 된 남편이 아내에게 따지자 아내는 이렇게 대답했습니다.

"요즘엔 이렇게 해야 돈을 벌 수 있어요. 당신처럼 정직하게 장사해선 절대 돈을 벌 수 없어요!"

하지만 남편은 단호하게 말했어요.

"우리는 믿음으로 장사해야 해. 정직한 마음 없이 돈만 많이 벌면 뭐 해? 결국 무너지고 말걸."

남편은 즉시 물을 탄 술을 전부 쏟아 버렸어요. 하지만 이미 늦었습니다. 어느새 '이 집은 술에 물을 탄다.'라는 소문이 마을 곳곳에 퍼졌거든요. 사람들은 하나둘 발길을 끊었고, 가게는 결국 문을 닫게 되었습니다.

이 이야기가 주는 교훈은 분명해요. 신뢰를 쌓기까지는 오랜 시간이 걸리지만, 무너지는 건 한순간이라는 거죠. 정직하지 못한 행동은 결국 모든 것을 앗아갈 수 있어요.

이번 한 번만 거짓말을 하면 된다고 생각할 수도 있어요. 하지만 현실은 달라요. 한 번의 거짓말은 또 다른 거짓말을 부르고, 또 다른 거짓말은 더 큰 거짓으로 이어지거든요. 결국 나중엔 거짓말을 들키지 않기 위해 계속 머리를 굴려야 해요. 언제 들킬까 불안한 마음에 또 다른 사람을 속이게 되기도 합니다.

그래서 거짓말은 무척 피곤한 일이에요. 정직하게 사는 것이 오히려 마음이 편하고, 자유롭다는 걸 나중엔 누구나 알게 돼요.

대기업이나 브랜드가 가진 진짜 힘은 '신뢰'예요. 어떤 제품을 만들든, 어떤 서비스를 하든, 사람들은 결국 믿을 수 있는 브랜드를 선택해요. 신뢰는 그만큼 큰 가치를 지니고 있습니다.

사람도 마찬가지예요. "저 친구는 믿을 수 있어."라는 말 한마디가 여러분의 미래를 바꿀 수도 있어요. 신뢰는 여러분 자신이 가진 가장 강력한 '자기 브랜드'가 되어 줄 거예요.

조금 느려 보여도, 조금 손해 보는 것 같아도 정직하게 사는 사람이 결국 더 멀리 갈 수 있습니다. 신뢰를 지킨다는 건 손해가 아니라 가장 이익이 되는 투자예요.

만약 어쩔 수 없이 거짓말을 했다면 어떻게 해야 할까요? 그럴 때는 거짓을 덮는 게 아니라 우리의 잘못을 솔직하게 인정해야 합니다.

거짓말을 고백하는 것은 자신에 대한 신뢰를 되찾는 첫걸음이에요. 그 순간 여러분은 이미 용기 있는 사람, 진짜 멋진 사람으로 한 걸음 더 성장한 거예요.

정직한 사람, 성실한 사람, 신뢰를 지키는 사람은 언젠가 반드시 존중받고 사랑받을 수 있습니다. 복잡한 세상 속에서도 자기 중심을 잃지 않고 흔들리는 상황에서도 자신을 지킬 줄 아는 사람은 어디서든 빛날 수 있답니다.

정직은 사람으로서 가장 기본적인 태도이자 인생을 살아가는 데 꼭 필요한 핵심 덕목입니다. 정직은 단순히 말이나 행동에서 거짓이 없다는 의미만 담고 있지 않아요. 속이지 않겠다는 마음가짐과 책임감까지 포함된 단어지요.

정보가 빠르게 오가고 사람과 사람 사이의 연결이 쉬워진 오늘날, 우리에게 가장 중요한 경쟁력은 신뢰입니다. 신뢰를 잃으면 모든 걸 잃고, 신뢰를 쌓는 사람은 모두에게 인정받고 성공에 가까워져요.

거짓은 잠시 편리함을 줄지 몰라도 결국은 관계에 금을 가게 하고 자기 삶 전체를 흔들 수 있는 위험한 선택이에요. 반면 정직은 때로 어리석어 보일 수 있지만, 그 위에 쌓은 신뢰는 무너지지 않는 삶의 기반이 되어 줍니다.

성적이 부족하거나 능력이 조금 부족해도 성실하게 노력하는 사람은 반드시 성장할 수 있어요. 하지만 제아무리 천재적인 두뇌를 가졌다고 해도 신뢰할 수 없는 사람이라면 누구도 그 사람에게 중요한 기회를 맡기지 않습니다.

하버드에는 이런 말이 있어요.

"신뢰를 저버리는 학생은 사회를 무너뜨릴 수도 있는 위험한 사람이다."

그래서 하버드에서는 입학 심사에서 정직성을 가장 중요한 기준 중 하나로 삼습니다. 앞서 설명했던 것처럼 부정행위가 적발되면 입학을 취소하기도 해요. 훌륭한 리더와 책임감 있는 시민이 되기 위해서는 반드시 신뢰를 기반으로 하는 태도가 필요하다는 걸 강조하는 거죠.

다음은 하버드에서 강조하는 신뢰를 지키기 위한 네 가지 태도입니다.

① 작은 약속부터 지켜라

물건을 제시간에 돌려주기, 약속 시간에 늦지 않기 같은 일은 사소해 보여도 정직한 습관의 시작이에요. 이런 것들을 아무렇지 않게 넘기다 보면 중요한 순간에도 실수하거나 거짓을 일삼게 되는 사람이 되기 쉽죠. 작은 신뢰가 모여 큰 신뢰가 되고, 작은 정직이 결국 인생을 바꾸는 힘이 됩니다.

② 무조건 알겠다고 하지 마라

도와주고 싶은 마음은 이해하지만, 여러분의 능력 밖에 있는 일까지 할 수 있다고 말하는 건 신뢰를 망치는 지름길이에요. 자신이 없을 때는 솔직하게 어려울 것 같다고 말하는 게 오히려 성실하고 신뢰받는 태도예요. 정직한 사람은 한 마디에도 책임감을 담습니다.

③ 자기계발에 힘써라

신뢰받기 위해서는 있는 그대로의 나를 보여 줘야 해요. 그 말은 성실히 스스로를 다듬고 말과 행동을 책임지는 자세를 갖추라는 뜻이에요. 단점을 스스로 점검하고 자신이 한 말은 끝까지 지키려는 의지. 그런 꾸준한 자기관리야말로 신뢰의 뿌리가 됩니다.

④ 신중하게 말하고 행동하라

말은 물과 같아서 한 번 쏟아지면 다시 담을 수 없어요. 신뢰를 지키는 사람은 말의 무게를 알기 때문에 쉽게 약속하지 않습니다. 말만 번지르르한 사람이 아니라 말과 행동이 일치하는 사람이 되어야 해요. 그게 바로 성실하고 믿을 수 있는 사람의 조건이에요.

정직함은 장기적으로 나에게도 이익이 된다

　때로는 정직한 선택이 손해처럼 보이기도 합니다. 실수했다고 솔직하게 고백했더니 혼이 났다거나, 다른 친구들은 요령을 피우는데 혼자만 정직하게 했더니 손해 본 것 같은 기분이 들기도 하죠.

　하지만 기억하세요. 참깨 한 톨을 줍기 위해 곡식 창고를 버리는 일은 하지 말아야 해요. 정직은 시간이 지나면 반드시 당신을 빛나게 만들어 줄 거예요.

　신뢰는 가장 오래가는 자산입니다. 정직은 기회가 되고, 정직은 신뢰를 만들고, 정직은 결국 여러분의 성취와 성공의 기반이 된답니다. 정직한 사람 주변에는 시간이 지날수록 더 많은 사람들이 몰려들어요.

　그리고 누군가는 당신의 진심과 정직을 기억하고 어느 날 어려움에 빠졌을 때 당신을 위해 먼저 손을 내밀어 줄 거예요. 그게 바로 정직이 만들어 주는 보이지 않는 힘이랍니다.

요즘은 거짓말이 대수롭지 않은 일처럼 보입니다. SNS에서는 가짜 뉴스가 떠돌아요. 유명인의 말도 알고 보면 진실이 아닐 때가 많고요. 하지만 그렇기 때문에 오히려 정직은 더 큰 가치를 지녀요.

누군가에게 신뢰를 얻는다는 건 그 사람의 말과 행동, 태도 전부를 믿고 존중하겠다는 의미예요. 단순히 정직한 말을 한다는 것만으로는 충분하지 않아요. 그 말이 행동으로 이어질 때 우리는 비로소 진짜 신뢰를 얻을 수 있습니다.

어느 토요일 저녁, 어린 소녀 제니는 엄마의 부탁을 받고 농장주 앤드류 아저씨에게 일당을 받으러 갔어요. 제니가 도착했을 때 앤드류 아저씨는 왠지 무척 화가 난 얼굴이었죠. 제니는 잔뜩 눈치를 보며 돈을 받아 얼른 빠져나왔어요.
그런데 집에 거의 도착했을 무렵, 제니는 자신이 받은 돈이 원래

받기로 되어 있던 것보다 1달러 더 많다는 사실을 알게 되었어요. 아무 말도 하지 않으면 모를 일일지도 몰랐죠. 앤드류 아저씨를 만나기가 무섭기도 했고요. 하지만 제니는 곧장 발걸음을 돌려 다시 농장으로 달려갔어요.

"아저씨, 저한테 1달러를 더 주셨어요."

제니의 목소리는 떨리고 있었지만, 눈빛만은 단호했어요. 앤드류 아저씨는 잠시 놀란 표정이었지만 이내 미소를 지었고, 제니에게 다시 1달러를 돌려주며 고맙다고 말했어요.

제니는 조용히 고개를 젓고 이렇게 말했습니다.

"그냥 돌려드리고 싶었어요. 남들이 보지 않아도 저는 제가 옳다고 생각하는 일을 하고 싶거든요."

아무도 신경 쓰지 않을 때도 정직한 선택을 할 수 있다면 그 사람은 어떤 상황에서도 신뢰받을 수 있는 사람이에요. 누가 지켜보지 않더라도 약속을 지키는 태도, 거짓보다 진실을 택하려는 자세는 결국 타인의 마음을 움직이게 합니다. 그리고 그 감동은 오래도록 잊히지 않아요. 왜냐하면 그것은 단순한 정직함이 아니라 용기와 책임감이 함께 담긴 행동이기 때문이에요.

영국의 유명한 극작가 셰익스피어는 말했어요.

"진실을 말하는 순간이 제아무리 늦었다 해도, 그건 결코 늦은 것이 아니다.”

정직은 타이밍이 중요한 게 아니에요. 아무리 늦더라도 진실을 이야기했다는 사실이 더 중요합니다. 자신의 결점을 가리기 위해 거짓말을 반복하기보다는 있는 그대로의 자신을 인정하고 잘못을 바로잡는 편이 주변 사람들로부터 신뢰를 얻을 수 있는 지름길이에요.

앞으로는 여러분의 부족한 점을 다른 사람에게 숨기지 말고 적극적으로 받아들이고 인정하세요. 비웃음을 살 거라는 여러분의 예상과 달리 다른 사람들은 여러분의 용기에 박수를 보내고 여러분의 미래를 위해서 응원해 줄 거예요. 정직함이라는 무기를 이용해 상대방의 신뢰를 살 수 있다면 여러분은 삶에서 가장 빛나는 순간을 맞이하게 될 거랍니다.

친구와 한 약속을 끝까지 지키는 일, 부모님께 드린 다짐을 책임지는 태도, 내가 한 말을 스스로 잊지 않고 실천하는 자세가 하나씩 쌓이면 어느 순간 여러분은 '믿을 수 있는 사람'이 되어 있을 거예요. 그리고 그 신뢰는 여러분의 미래를 여는 열쇠가 될 거예요. 학교에서도, 사회에서도, 그리고 친구들과의 관계에서도 말이에요.

신뢰는 단지 남을 위해 필요한 덕목이 아니에요. 나 자신을 더 강하게 만들고 나를 진짜 나답게 만들어 주는 힘이에요.

신뢰받는 사람은 더 당당해지고, 자신감 있게 행동할 수 있어요. 왜냐하면 스스로 떳떳하다는 확신이 있으니까요.

오늘 내가 한 말, 내가 한 선택을 돌아보세요. 그 안에 진심이 담겨 있다면 그건 곧 여러분의 미래를 바꾸는 씨앗이 될 거예요. 진심은 언젠가 반드시 전달되니까요.

05

리더십

빠르고 강렬하게
나의 재능을 드러내자

1

세찬 바람이 불어야 강인한 풀인지 알 수 있고, 뜨거운 불에 들어가야 순금을 가릴 수 있다는 말이 있어요. 이처럼 평범한 상황에서는 눈에 띄지 않던 사람이 어려운 일이 닥치면 놀라운 능력을 보여 주기도 합니다.

살아가다 보면 우리는 수많은 어려운 상황에 부딪혀요. 그중에는 우리를 주저앉히는 위기도 있지만, 오히려 우리를 더 높은 곳으로 이끌어 주는 기회도 있답니다. 중요한 건 그런 기회가 누구에게나 주어지지는 않는다는 거예요. 준비된 사람만이 그 기회를 알아보고 붙잡을 수 있죠.

일이 꼬이고 어려운 상황에 빠졌을 때 그 상황을 해결하며 자신의 진가를 보여 준다면 사람들의 시선은 달라질 거예요. 예전엔 몰랐던 당신의 능력을 알아보고 더 큰 역할을 맡기고 싶어 할지도 모르죠.

어릴 때부터 자신을 잘 표현하고 앞에 나서기를 좋아하는 사람도 있습니다. 하지만 그런 성향이 아니라고 해서 의기소침할 필요는 없어요. 리더십은 어느 날 갑자기 생기는 게 아니라 조금씩 훈련되고 다듬어지면서 생기는 거니까요. 작은 기회일지라도 적극적으로 나서서 자신의 실력을 증명해 나가다 보면 어느새 사람들 앞에 우뚝 선 자신의 모습을 발견하게 될 거예요.

하버드 대학교에서는 오랜 연구 끝에 사람들이 선호하는 이상적인 리더의 조건 9가지를 정리했어요.

① 높은 윤리 의식

② 사소한 일에 얽매이지 않는 관대함

③ 좌절에도 무너지지 않는 뚝심

④ 뛰어난 지혜

⑤ 넘치는 열정

⑥ 틀에서 벗어나려는 도전 정신

⑦ 어려운 결정을 내릴 수 있는 용기

⑧ 다른 사람을 격려하는 따뜻한 에너지

⑨ 유머 감각

이 9가지 조건을 보면 알 수 있어요. 리더는 단순히 앞에 서는 사람이 아니라, 말과 행동, 태도 모두를 통해 주변 사람들에게 궁정적인 영향을 주는 존재라는 걸 말이에요. 그렇다면 사람들 눈에 이러한 조건을 갖춘 인물로 보이기 위해서 우리는 무엇을 해야 할까요?

하버드는 그 해답을 '자기 표현'이라고 말합니다.

21세기를 살아가는 우리는 수많은 사람과 경쟁해야 합니다. 조용히 앉아 있기만 해서는 누구도 나의 진짜 가치를 알아보지 못해요. 과감하게 나서서 자신을 표현할 줄 알아야 해요. 드러내지 않으면 기회는 언제든 다른 사람에게로 흘러가 버리니까요.

자신을 드러낸다는 건 단순히 잘난 척하는 것이 아니에요. 자신이 어떤 사람인지, 어떤 생각을 가지고 있는지, 어떤 일에 열정을 가지고 있는지를 보여 주는 일입니다. 때로는 그것이 리더로서의 첫걸음이 되기도 해요.

학교생활에서도 마찬가지예요. 발표나 토론 시간에 주저하지 말고 나서 보세요. 학급 임원에 도전해 보는 것도 정말 좋은 방법이에요. 이런 경험은 자존감과 자기 표현 능력을 키우는 데 큰 도움이 된답니다.

리더십은 시험 점수로만 평가할 수 없는 중요한 자질이에요. 앞으로 어떤 사람이 될 수 있을지를 가늠하도록 해 주는 중요한 증거이기도 하죠. 그래서 하버드에서는 학생을 뽑을 때 리더로서의 가능성을 아주 중요하게 생각해요.

　여러분 모두에게는 충분한 가능성이 있습니다. 지금 어떤 성적을 가지고 있든, 어떤 환경에 있든, 자신을 표현하고 도전할 용기를 낸다면 얼마든지 리더가 될 수 있어요. 그러니 기회를 마주했을 때 주저하지 말고 용기 있게 나아가 보세요. 그것이 바로 리더가 되는 첫걸음이랍니다.

조용한 교실에서 선생님이 "누가 이 문제를 풀어 볼래요?" 하고 물었다고 상상해 보세요. 교실에는 어떤 일이 벌어질까요?

아마 학생들 대부분이 동시에 고개를 푹 숙일 거예요. 운 나쁘게 선생님과 눈이라도 마주쳐 지목될까 봐 누가 나서기 전까진 아무도 고개를 들지 않겠지요. 혹시 여러분도 이런 경험이 있지는 않나요?

청소년기에는 자아의식이 발달하면서 자기 자신에 대한 민감한 감정이 올라오곤 해요. 그래서 자신을 드러내는 일을 부끄럽고 두렵게 느끼는 친구들이 많죠.

하지만 하버드 대학교의 교실 분위기는 사뭇 다릅니다. 교수님이 질문을 던지면 학생들은 손을 들지도 않고 그냥 대답해 버리기도 해요. 그걸 본 교수님도 놀라기는커녕 오히려 자연스럽게 받아들이죠. "틀릴 수도 있지. 중요한 건 너의 생각을 드러내는 거야."라는 하버드의 교육 철학이 바로 그런 분위기를 만들어 주는 거예요.

우리는 모두 매력적인 사람이 되길 원합니다. 그리고 그 매력은 다양한 인간관계 속에서 더욱 빛을 발해요. 문제는 많은 사람이 인간관계를 만드는 데 수동적이라는 점이에요. 먼저 다가와 줬으면 좋겠다고 생각하면서 기다리기만 하니 정작 아무 일도 일어나지 않는 거예요.

하지만 진정한 인간관계는 내가 먼저 손을 내밀 때 만들어지는 법이에요. 먼저 말을 걸고 웃어 주고 관심을 보이는 것. 그게 관계의 시작이에요.

많은 사람들이 자발적으로 다른 사람과 사귀지 못하는 데는 심리적인 요인이 크게 작용합니다. 정확히 말하면 '수줍음'이라는 감정 때문이에요.

수줍음은 사실 대부분의 사람들이 지닌 일반적인 특징입니다. 하지만 그 정도가 심할 경우 다른 사람과의 원만한 관계를 형성하는 데 어려움을 겪을 수 있어요. '나는 할 수 없어.'라고 믿으며 도전조차 하지 않으면 좋은 기회가 눈앞에서 지나가 버리고 마니까요.

그럼 이제부터 수줍음을 극복하는 구체적인 방법을 함께 알아보도록 해요.

1. 늘 미소를 짓자

미소는 낯선 사람과의 거리를 좁혀 주는 가장 좋은 방법 중 하나입니다. 주변 사람이 모두 여러분의 친구이며, 여러분에게 호감을 느낀다고 생각하면서 환하게 미소 짓는 법을 연습해 보세요. 상대방이 나를 이상하게 보지 않을까 하는 공포심이 조금씩 사라지다 보면 상대방에게 먼저 미소 짓는 여러분의 모습이 전혀 어색하게 느껴지지 않는 순간이 올 거예요.

2. 긍정적인 마음을 품자

모든 것이 다 잘될 거라고 믿는 마음은 실생활에서 큰 도움이 됩니다. 낯선 사람 앞에서 말해야 할 일이 생겼을 때, '침착해, 아무 일도 아냐. 저 사람도 나랑 같은 학생일 뿐이야.' 하고 스스로에게 되뇌어 보세요. 이런 자기 암시는 놀라운 효과를 가져다줘요. 처음엔 가슴이 뛰고 목소리가 떨리겠지만, 그 순간을 넘기면 세상이 무너지지도 않고 아무도 나를 이상하게 보지 않는다는 사실을 깨닫게 되거든요. 그 깨달음은 수줍음을 이기는 자신감을 키워 줍니다.

3. 상대의 눈을 바라보자

대화할 때 상대방의 눈을 피하지 말고 마주쳐 보세요. 그리고 고개를 끄덕이거나 가볍게 웃어 주는 거예요. 그렇게 하면 상대도 편안해지고 스스로도 자신감을 얻을 수 있습니다. 이런 작은 훈련이 쌓이면 어느새 사람들 앞에서 말하는 것도 훨씬 쉬워질 거예요. 자신을 사랑하지 않으면 다른 사람도 나를 사랑해 주기 힘들어요. 나 자신부터 인정하고 사랑해 주세요.

하버드 대학교에서는 학생들에게 적극적으로 자신을 드러내고 다양한 활동에 참여하라고 격려합니다. 왜일까요? 지금의 경험이 미래를 살아갈 여러분에게 큰 자산이 되기 때문이에요.

혹시 아직도 머뭇거리고 있나요? 그렇지만 세상은 여러분을 기다리지 않아요. 여러분이 세상에 손을 내밀어야 합니다.

여러분이 용기를 내는 순간 세상은 훨씬 더 넓어지고 밝아질 거예요. 부끄러움은 잠시지만, 그걸 이겨 낸 용기는 평생 여러분을 빛나게 할 수 있답니다.

3

성공한 사람에게서는 특별한 무언가가 느껴질 때가 많아요. 화려한 말이나 겉모습을 말하는 것이 아닙니다. 성공한 사람의 태도에서 나오는, 오랫동안 자신을 다듬으며 만들어 낸 리더십이 있지요. 그들이 지닌 리더십은 하루아침에 생긴 것이 아닙니다. 자신을 믿고 꾸준히 갈고닦아 온 시간에서 비롯된 것이죠.

하버드 대학교에서는 성공한 리더가 가지고 있는 특징을 다음과 같이 정리합니다.

1. 올바른 가치관

가장 먼저 필요한 것은 뚜렷한 가치관입니다. 어떤 일을 하든 옳고 그름을 구분할 수 있는 기준이 있어야 해요. 그 기준이 여러분의 올바른 판단과 선택을 이끄는 나침반이 됩니다. 가치관이 확실하지 않으면 어떤 결정을 내리든 흔들리기 쉽고, 그 결과는 늘 뒤늦은 후회로 돌아오기 마련입니다. 반면 자신만의 기준을 가진 사람은 어떤 상황에서도 중심을 잃지 않고 책임감 있게 행동할 수 있지요.

2. 확고한 신념

신념은 자신을 지탱해 주는 힘입니다. 앞이 잘 보이지 않는 순간에도 해낼 수 있다고 믿는 신념이 여러분을 리더로 만들어 줍니다. 자신이 추구하는 삶의 방향을 믿고, 흔들림 없이 앞으로 나아가는 자세가 필요합니다.

3. 뜨거운 열정

공부에 열중하는 학생, 세상을 바꾸기 위해 연구하는 과학자, 작품을 창조하는 예술가, 그 외 어떤 분야든 열정이 없다면 실력을 쌓을 수 없습니다. 여러분의 마음을 뜨겁게 하는 일이 있다면 그 불꽃을 절대 꺼뜨리지 마세요.

4. 강력한 응집력

진정한 리더는 혼자 빛나기보다 주변 사람과 함께 나아갈 줄 알아요. 함께하는 힘을 만들고 그것을 하나로 모아 모두가 성장하는 길을 이끄는 능력, 그것이 바로 응집력입니다. 학교생활에서도 마찬가지입니다. 친구들과의 관계, 동아리나 조별 과제에서의 역할 등 모든 상황에서 리더십을 키우는 연습을 할 수 있지요.

5. 소통의 능력

주변 상황을 파악하고 자신의 생각을 다른 사람에게 정확하게 전달하는 것도 중요한 능력입니다. 진짜 리더는 말을 많이 하는 사람이 아니라 필요한 이야기를 적절하게 전하고 다른 사람의 이야기를 진심으로 들어주는 사람이에요. 소통은 단순한 기술이 아니라 진정성과 연결된 태도입니다.

이러한 특징을 어떻게 갖출 수 있을까요? 여러분이 끊임없이 노력하고 싸워 나가야만 더 나은 여러분을 만들 수 있어요. 어려운 과제 앞에서 쉽게 포기하지 말고 매일 자신을 이기기 위한 싸

움을 해 보세요. 그 경험이 여러분을 성장하게 만들 테니까요.

아무도 여러분을 리더로 만들어 줄 수 없습니다. 여러분의 미래는 스스로 만들어 가야 해요. 청소년 시기는 그렇게 하기 가장 좋은 시기입니다.

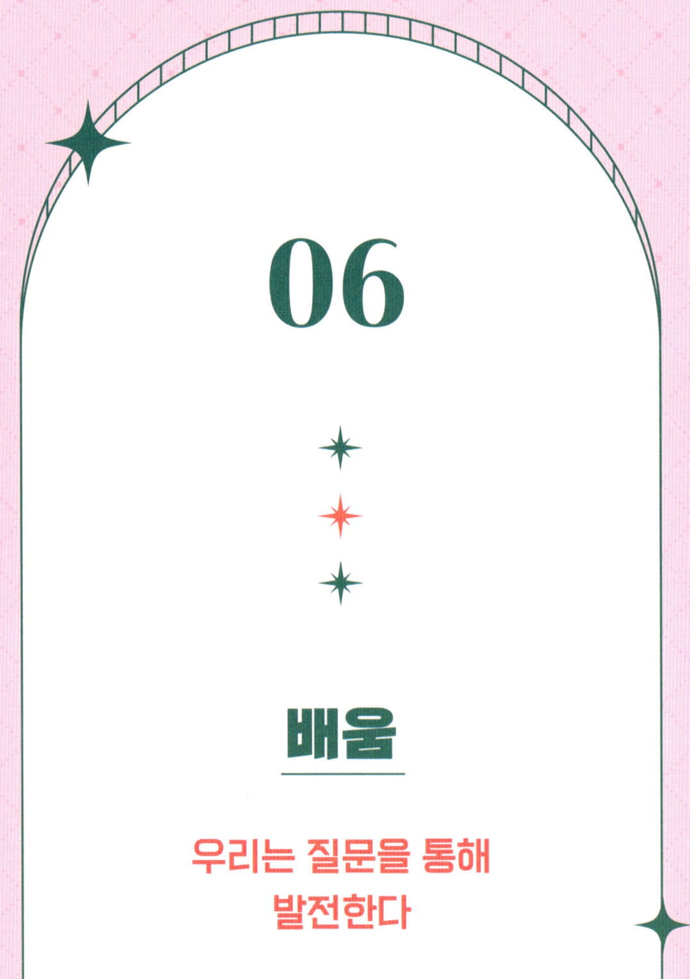

06

배움

**우리는 질문을 통해
발전한다**

진정한 배움은 의심과 질문에서 시작된다

배운다는 건 공부한 내용을 꼼꼼하게 외우고 시험에서 좋은 점수를 받는 것과 다릅니다. 진정한 배움은 "왜 그런가?"라는 물음에서 시작되죠. 그래서 하버드 대학교에서 주관 없이 남의 의견에 동조하거나 기존의 지식에 대해 아무런 의심을 품지 않는 학생은 오히려 높은 평가를 받지 못해요.

의심과 질문은 우리가 새로운 생각을 품게 만들고, 익숙한 것에 새로운 시선을 가지게 하며, 결국은 더 깊이 있는 이해로 이끌어 줘요. 하버드가 학생들을 키워 내는 방식이 바로 그렇습니다. 단지 지식을 쌓는 것을 넘어서 끊임없이 질문하고 의심함으로써 새로운 지식을 만들어 내는 것이죠.

하버드 교수님들은 학생들에게 이렇게 말합니다.

"모두가 고개를 끄덕일 때 너는 고개를 갸웃해 봐라."

모든 것을 다 아는 사람은 없습니다. 그래서 진정한 배움을 이루기 위해서는 세상의 모든 것에 의심을 품어야 한다는 것이 하버드의 교육 철학입니다.

하버드에는 만장일치라는 말이 없습니다. 모두가 같은 생각을 한다는 건 누군가 중요한 질문을 놓치고 있다는 뜻일지도 모르니까요. 오히려 하버드에서는 자신의 생각을 끝까지 밀어붙이며 토론하는 사람이 높게 평가받습니다.

물론 질문을 던지는 데는 용기가 필요해요. 친구들 앞에서 괜히 이상한 말을 하게 될까 봐, 또는 선생님께 무례하게 보일까 봐 주저하게 될 수도 있습니다. 하지만 진짜 배움을 원한다면 마음속에 용기를 품어야 한답니다. 정중하고 진지하게 물어본다면 대부분의 선생님들은 기꺼이 대답해 주실 거예요.

사실 선생님들은 오히려 그런 질문을 반가워해요. 왜냐하면 그건 당신이 수업에 진심으로 참여하고 있다는 증거이기 때문입니다.

1496년, 코페르니쿠스는 이탈리아 볼로냐 대학교에서 공부하며 교수와 대화하던 중 천동설의 오류에 대해 이야기를 나누게 되었어요. 기존 이론을 의심하기 시작한 코페르니쿠스는 교수의 격려에 힘입어 기존의 천문학 지식을 완전히 바꿔 버릴 이론을 만들겠다는 꿈을 꾸었지요.

그로부터 30여 년 동안 코페르니쿠스는 방대한 자료를 정리하면서 지동설을 객관적으로 입증할 이론을 완성했어요. 그러나 그는 이론 발표를 앞두고 망설였습니다. 이 새로운 이론을 발표한다면 학계는 물론 종교계에서도 엄청난 공격이 쏟아질 것이 뻔했으니까요. 코페르니쿠스는 원고를 계속 수정하면서 발표를 차일피일 미뤘지만, 결국 그의 이론이 외부에 알려지면서 커다란 논쟁이 일어났어요.

오랜 시간이 지난 후, 친구의 권유로 코페르니쿠스는 자신의 평생을 담은 원고를 공식적으로 발표하기로 결심했습니다. 그러고 나서 1543년, 출판된 책이 자신의 손에 들어온 것을 확인한 지 몇 시간이 지난 후 코페르니쿠스는 세상을 떠났어요.

1543년은 근대 과학의 탄생을 알리는 해로 평가받는데, 이는 기존의 질서를 계속해서 의심한 코페르니쿠스의 호기심 덕분이었습니다.

의심은 단순히 반항하거나 말꼬리를 잡기 위한 것이 아닙니다. 창의적인 사고, 새로운 시각, 깊은 이해는 모두 의심에서 시작되거든요.

또한 의심은 창의력과 열정을 자극해요. 당신이 무엇인가 이상하다고 느낀다면 그건 뭔가 새롭게 바뀔 가능성을 품고 있다는 뜻입니다.

우리가 교과서에서 배우는 지식은 오랜 시간 동안 발전해 오면서 이전의 지식을 대신해 온 것입니다. 그렇기 때문에 지금 여러분이 배우는 내용도 절대적인 진리가 아니며 시간이 지나면 달라질 수도 있다는 뜻이에요.

의심하는 습관은 사고력을 키워 줍니다. 단순히 외운 지식을 말하는 것이 아니라 스스로 생각하고 탐색하는 힘이니까요. 그리고 그 사고력은 앞으로 살아가면서 일어나는 많은 문제를 해결하는 능력의 밑바탕이 돼요.

우리가 살아가는 시대는 빠르게 변하고 있어요. 정해진 답이 없는 문제들 앞에서 정답을 외우는 것만으로는 아무 소용이 없을지도 모릅니다. 그래서 더더욱 중요한 것이 바로 스스로 생각하는 힘, 질문하는 용기입니다.

배움은 단순히 남이 가르쳐 주는 걸 받아들이는 데서 끝나지 않아요. 오히려 그 배움을 의심하고 질문할 수 있을 때 진짜 자신의 것이 됩니다. 오늘 수업에서 이해가 안 되는 내용이 있었다면 그냥 넘기지 말고 꼭 질문해 보세요. 모두가 당연하다고 여기는 것이라도 여러분이 납득할 수 없다면 용기를 내어 손을 들어 보세요. 그 질문 하나가 당신의 시야를 넓히고, 세상을 보는 관점을 바꿔 줄지도 모르니까요.

배움의 여정에서 우리는 언제나 알 수 없는 것을 탐색하고 있

어요. 그래서 진정한 배움은 '이게 맞나?'라는 작은 의심에서 시작
돼요. 그 의심이 커다란 깨달음으로 이어집니다. 그러니 잊지 마
세요. 질문은 부끄러운 것이 아니라 진리를 향한 가장 용감한 첫
걸음이라는 사실을 말이에요.

2

아니라고 말할 수 있는 용기

"아니요, 저는 그렇게 생각하지 않아요."

이 짧은 한마디에 얼마나 큰 용기가 필요한지 아시나요?

우리는 어려서부터 누군가의 말에 순종하는 법을 배워 왔습니다. 부모님의 말씀에 고개를 끄덕이고 선생님의 가르침에 조용히 귀 기울이죠. 물론 그건 존중의 표현이기도 해요. 하지만 진짜 배움의 과정에서는 아니라고 말할 줄 아는 용기도 필요합니다. 왜냐하면 새로운 생각, 창의적인 관점, 더 나은 방향은 언제나 기존의 틀에 질문을 던질 때부터 시작되기 때문이에요.

하버드 대학교에서는 바로 이 지점을 중요하게 여깁니다. 하버드의 교수들은 학생들이 스스로 생각하고 비판하기를 바랍니다. 세상의 모든 것을 당연하게 받아들이기보다 "내 생각에 그건 아닌 것 같아." 하고 비판하는 태도가 진정한 지성인의 출발점이기 때문이죠. 그렇다고 해서 무조건 모든 말에 반대하라는 뜻은 아닙니다. 아니라고 말하는 데는 분명한 기준과 태도가 필요해요.

1. 질문은 반항과 다르다는 점을 명심하자

누군가의 말에 동의하지 않더라도 그것이 단순한 감정의 표출이나 반항으로 나타나서는 안 됩니다. 어떤 학생들은 부모님이나 선생님의 말을 일부러 반대하면서 '다르게 생각하는 나'를 드러내고 싶어 하기도 해요. 하지만 그런 태도는 오히려 상대방의 신뢰를 잃게 만들어요. 자신이 진지하게 고민하고 있다는 인상을 줄 수 없거든요. 진짜 질문은 상대방을 깎아내리기 위한 것이 아니라 잘 배우고자 하는 마음에서 비롯되어야 합니다.

2. 존중은 질문의 전제 조건이다

아무리 질문이 정당해도 그것을 표현하는 방식이 무례하거나 공격적이라면 듣는 사람은 마음을 닫게 됩니다. 하버드 학생들은 교수님께 질문을 던질 때도 늘 예의를 지켜요. 강의 중 이견이 생기면 손을 들고 발언 허락을 받은 후 정중하게 자신의 의견을 말하죠. 상대방을 무시하지 않으면서도 자신의 생각을 드러낼 수 있어야 진정한 토론이 시작됩니다.

3. 질문을 던지기 전에 한 번 더 생각하자

그냥 "싫어요."라고 말하는 것은 적절한 태도가 아닙니다. 왜 그런 생각을 하게 되었는지, 어떤 이유에서 다른 관점을 가지게 되었는지를 명확히 해야 하죠. 질문은 단지 상대방의 권위를 흔들기 위한 행동이 아니라 스스로의 생각을 더 깊이 이해하고 표현하는 과정이에요.

"왜 아니라고 생각하는가?"

이 질문에 스스로 답할 수 있을 때 당신의 질문은 빛을 발합니다. 얕은 지식이나 단편적인 정보만 가지고 전체를 부정해서는 안 돼요. 예를 들어 선생님이 말씀하신 한 가지 내용이 이상하게 느껴졌다면 그 내용만 떼어 놓고 문제 삼는 것이 아니라 전체 맥락에서 다시 한번 고민해 봐야 해요. 혹시 내가 오해한 부분은 없는지 살펴보는 거예요. 그렇게 충분히 고민한 끝에 던지는 질문이라면 그것은 분명히 가치 있는 배움의 과정이 됩니다.

우리는 존중하면서도 의심할 수 있는 용기를 길러야 해요. 이것이 바로 지적인 태도이고, 성숙한 사고의 시작입니다.

하버드의 교육은 학생들에게 끊임없이 생각하라고 말합니다. 그리고 그 생각은 "Yes"보다 때로는 "No"에서 더 강하게 시작될 수 있어요.

　앞으로 배움의 길을 걸어 나갈 때 아니라고 말할 수 있는 용기를 가지길 바랍니다. 그것은 단순한 반항이 아니라 진리를 향한 한 걸음일 수 있어요. 그리고 그 걸음은 여러분의 성장을 향한 위대한 시작이 될 거예요.

3 많이 생각하고 의심하는 습관을 기르자

강의실에서 수업을 진행하던 교수가 학생들에게 진지한 표정으로 입을 열었어요.

"지금 내가 설명하는 이론은 중세의 특정 시기에만 존재했습니다. 종교적 문제로 인해서 이 이론은 외부로 전해지지 못했지요. 그래서 해당 내용과 관련된 기록도 거의 찾아볼 수 없습니다."

학생들은 진지한 표정으로 교수가 설명하는 이론을 열심히 필기했어요. 그런 다음, 팀을 나눠 이 이론에 대한 토론을 벌이기도 했지요.

다음 강의 시간에 교수가 앞서 설명한 이론에 관한 문제를 내자 학생들은 교수가 지난 시간에 들려준 이론과 토론에서 나온 결론을 바탕으로 답안지를 작성했어요.

그런데 좋은 점수를 받을 것이라는 학생들의 예상과 달리, 답안지에는 틀렸다는 X 표시만 크게 그려져 있었어요. 결국 이번 시험에서 수업을 들은 모든 학생이 0점을 받고 말았지요. 어떻게 된 일일까요?

사실 교수가 들려준 이론은 애초에 세상에 존재하지 않는 이론이었어요. 그저 교수가 지어낸 이론일 뿐이었지요. 학생들은 그것도 모르고 엉터리 내용을 열심히 받아적었던 거예요.

학생들이 거세게 항의하자 교수는 조용히 입을 열었어요.

"자네들이 도서관에 가서 자료를 잠깐이라도 찾아봤더라면, 혹은 다른 교수님에게 질문이라도 했다면 내가 거짓말을 했다는 사실을 금세 눈치챘을 거예요. 하지만 자네들은 내 가르침을 전혀 의심하지도 않았고, 이론을 직접 확인해 보려는 노력도 하지 않았지요."

이 이야기는 우리에게 중요한 교훈을 줘요. 누구의 말이라도 무조건 믿어서는 안 된다는 것, 그리고 스스로 판단하고 검증하는 태도를 갖춰야 한다는 것입니다.

실수는 누구나 할 수 있어요. 하지만 스스로 생각하고 열심히 의심하는 사람은 적어도 그런 실수를 줄일 수 있습니다. 그리고 그렇게 단단해진 사고력은 어떤 어려움 앞에서도 꺾이지 않는 힘이 되지요.

우리는 하루에도 수없이 많은 정보를 접하고 수많은 지식을 배웁니다. 하지만 그 모든 것을 그대로 받아들인다면 과연 진짜 배우고 있는 것일까요? 하버드 대학교에서는 학생들에게 언제나 이렇게 강조합니다.

"많이 생각하고 의심하라. 절대 함부로 믿지 마라."

의심은 독립적인 사고를 키우는 데 꼭 필요한 능력입니다. 그냥 듣고 외우는 것만으로는 진정한 지식에 도달할 수 없습니다. 누군가의 말을 그대로 믿기보다 한 번 더 생각하고 확인하는 태도야말로 진짜 지식을 향한 첫걸음이 되지요.

비판적 사고는 단순히 수업이나 학문에만 필요한 것이 아니에요. 우리의 일상과 미래에도 꼭 필요한 태도이지요. 주변의 말에 무조건 휩쓸리지 않고 자신만의 관점으로 사물을 바라보는 사람은 사회에서도 높은 평가를 받습니다.

의심은 더 나은 이해를 위한 시작이에요. 공부하다가 이해할 수 없는 내용이 있다면 그냥 넘어가지 마세요. 왜 그런지, 다른 가능성은 없는지 꼭 스스로 질문해 보세요. 그 작은 질문 하나가 새로운 지식을 열어 주고, 나아가 여러분만의 생각을 키워 주는 디딤돌이 될 수 있습니다.

큰 의심은 커다란 성과를 낳고, 작은 의심은 작지만 소중한 깨달음을 줍니다. 하지만 아무런 의심도 하지 않는다면 얻을 수 있는 것이 아무것도 없습니다. 인류의 발전 역시 모든 것을 당연하게 받아들이지 않고 "왜?"라고 질문했던 사람들에 의해 이루어졌다는 사실을 기억하세요.

오늘날에도 사회를 발전시키는 힘은 의문을 제기하는 용기에서 나옵니다. 절대 권력에 대한 비판, 사회적 상식에 대한 의심, 관습에 대한 도전은 모두 세상을 더 나은 방향으로 움직이게 해 왔습니다.

여러분도 마찬가지입니다. 청소년이라면 누구보다도 적극적으로 의심하고 깊이 있게 생각할 줄 알아야 합니다. 수업에서 배운 내용을 스스로 검토해 보고 모순되는 점이 있다면 기록해 두었다가 나중에 꼭 다시 확인해 보세요. 사소해 보이는 질문이 커다란 발견으로 이어질 수도 있으니까요.

생각하고 의심하는 습관은 여러분의 삶을 바꾸는 가장 강력한 무기입니다. 평범한 하루, 평범한 수업 속에서도 '왜 그럴까?'라는 질문을 던질 줄 아는 학생이라면 분명히 특별한 미래를 만들어 갈 수 있을 거예요. 그리고 꾸준히 그런 훈련을 해 나간다면 여러분은 깊이 있는 사고력과 리더십을 갖춘 인재가 되어 있을 것입니다.

07

실패

반드시 찾아오는
어려움을 이겨 내자

잘 실패하는 방법을 배우자

하버드 대학교에서는 학생들에게 실패를 두려워하지 않고 받아들이는 법을 가르쳐요. 그 이유는 분명합니다. 성공과 실패는 마치 일란성 쌍둥이처럼 떼려야 뗄 수 없는 관계이기 때문이죠. 아무리 눈부신 성공을 거둔 사람도 숱한 실패와 좌절의 순간을 겪습니다.

영국의 철학자 버트런드 러셀은 이렇게 말했어요.

"인생을 살아가면서 계속 편안하고 유쾌할 수는 없다. 따라서 반드시 역경에 대처하는 태도를 갖춰야 한다."

우리의 삶은 언제나 예측 불가능한 방향으로 흘러갑니다. 때로는 잘 나가던 일이 한순간에 무너지고, 아무리 열심히 해도 성과가 보이지 않을 때도 있죠.

그럴 때 우리는 두 가지 선택의 기로에 서게 돼요. 포기할 것인가, 아니면 다시 일어설 것인가. 이 선택의 순간이야말로 인생에서 가장 중요한 배움의 시간입니다.

하버드에는 다음과 같은 유명한 대화가 전해집니다.

"당신은 어떻게 성공했습니까?"

"정확한 결정 덕분입니다."

"그렇다면 정확한 결정을 어떻게 내릴 수 있습니까?"

"경험을 통해서요."

"그 경험은 어디서 얻습니까?"

"잘못된 결정을 통해 얻습니다."

이 짧은 대화는 실패의 가치가 무엇인지 명확히 알려 줍니다. 실수와 실패는 우리가 더 나은 결정을 할 수 있도록 도와주는 귀중한 자산이에요. 실패가 없다면 진정한 의미의 성공도 존재하지 않는다고 해도 과언이 아닙니다.

실패를 딛고 일어선 대표적인 인물 중 한 명이 바로 발명왕 토머스 에디슨입니다. 그는 무려 1천 개가 넘는 특허를 보유하며 인류의 삶을 바꿔 놓은 인물이지만, 동시에 세상에서 가장 많이 실패한 과학자이기도 합니다. 그는 전등을 발명하는 데만도 5천 번 이상 실패를 겪었고, 매번 포기하지 않고 실험을 반복했습니다. 에디슨은 이렇게 말했어요.

"나는 실패한 것이 아니라, 잘못된 방법 5천 가지를 알아낸

것이다."

전화기를 발명한 벨, 하늘을 날고자 했던 라이트 형제 같은 위대한 인물들도 수많은 실패를 거쳐 성공할 수 있었어요. 그들은 실패를 반복하면서도 포기하지 않았고, 오히려 실패 속에서 더 나은 답을 찾으려 노력했지요.

하버드의 인기 강사 중 한 명인 탈 벤사하르 교수는 첫 강의에서 늘 실패를 주제로 이야기를 시작해요.

그는 자신의 이야기를 숨기지 않습니다. 농구 선수를 꿈꿨지만 신체 조건 때문에 좌절했고, 사랑 고백도 번번이 실패했고, 수학 점수는 반에서 꼴찌였다고 말하죠. 그는 학생들에게 이렇게 말합니다.

"실패를 두려워하지 마세요. 성공 확률을 높이는 방법은 오직 하나, 실패의 경험을 두 배로 늘리는 것뿐입니다."

이처럼 하버드에서는 실패를 단지 좌절의 순간으로 바라보지 않아요. 오히려 나를 더 단단하게 만들고 내 가능성을 넓혀주는 디딤돌로 여깁니다.

실패 앞에서 좌절하지 마세요. 실패는 우리를 더 성장시키는 기회예요. 그 안에는 아직 열매 맺지 않은 성공의 씨앗이 숨어 있습니다. 좌절 속에서 배운 교훈은 여러분을 더 단단하게 만들고, 언젠가 여러분이 성공했을 때 그 여정을 더욱 빛나게 만들어 줄 것입니다.

실패는 끝이 아니라 진짜 시작입니다. 넘어졌다면 모래라도 움켜쥐는 용기, 실패를 다시 시작의 발판으로 삼는 태도. 그것이 여러분을 진정한 성공으로 이끌어 줄 거예요.

하버드 대학교 학생들 사이에서는 "서로 돕고 노력하며 최선을 다하자."라는 응원의 대화는 자주 들리지만, "내가 이번에는 꼭 1등을 차지하겠다." 같은 말은 거의 들을 수 없습니다.

그들은 외적인 결과보다 내적인 성장에 더욱 집중해요. 성적보다 진정성을, 순위보다 과정 속 태도를 중시하는 것이죠. 하버드에서 진짜 중요한 것은 얼마나 잘했는가가 아니라 얼마나 노력했는가입니다.

실제로 하버드 학생들은 자신이 지금까지 걸어온 길을 소중히 여기고, 다른 사람과 비교하기보다는 어제보다 더 나은 내가 되기를 바라고 노력합니다. 그래서 굳이 '1등'이라는 말로 누군가 위에 서려 하지 않아요. 어제보다 더 나아졌다면 그 자체로 이미 1등인 셈이죠.

1등에 집착하지 않는다고 해서 최선을 다하지 않는다거나 앞으로 나아가지 않는다는 의미가 아닙니다. 자신이 할 수 있는 모든 노력을 기울이는 데 집중하고, 그 결과에는 연연하지 않겠다는 의미지요.

1976년 미국의 제39대 대통령으로 당선된 지미 카터의 이야기가 좋은 예입니다. 해군 사관 학교 출신이었던 그는 장군 하이먼 리코버와의 면담 중 "너는 삶에서 최선을 다했는가?"라는 질문을 받았습니다.

자신 있게 대답하지 못한 그는 그 말을 가슴 깊이 새기며 평생을 살았습니다. 그리고 훗날 자신의 자서전 제목을 《왜 최선을 다하지 않았는가?》라고 지으며, 우리 모두에게 중요한 메시지를 남겼습니다. 결과보다 중요한 것은 최선을 다했는가 하는 태도라는 것입니다.

여러분도 한 번쯤은 자신에게 질문을 던져 보세요.

"나는 정말 내가 할 수 있는 만큼 최선을 다했는가?"

1등은 단 한 명이지만, 최선을 다한 사람은 모두가 주인공이 될 수 있습니다.

하루에 한 단어라도 더 외우고, 전보다 10분이라도 더 집중하려는 자세, 어제 틀린 문제를 오늘은 맞히려는 끈기. 이런 태도가 습관이 되면 언젠가는 누구보다도 단단하고 멋진 사람이 되어 있을 거예요.

우리는 종종 결과에만 집중하지만, 진짜 중요한 것은 바로 그 결과에 도달하기까지의 과정입니다. 누가 더 높은 점수를 받았는가보다 나는 어디에서 무엇을 배우고 얼마나 성장했는가가 더 중요합니다.

끊임없이 실패를 반복해서 '실패 대왕'이라고 불리던 청년이 있었습니다. 그는 스물두 살에 첫 직장에 들어갔지만 1년 만에 해고되었어요. 그는 곧 정치에 뛰어들었지만 아무런 성과도 얻지 못하고 돌아서야 했지요. 그는 스물일곱 살이 되었을 때 장사에도 손을 댔는데 역시 실패했습니다.

그로부터 7년이 지나 서른네 살이 된 그는 국회의원 선거에 도전했다가 낙선하고 말았어요. 그리고 몇 년 후에 다시 국회의원이 되겠다고 도전했다가 실패했습니다. 그는 자신을 좀 더 시험해 보고 싶다며 마흔여섯 살에 또다시 국회의원에 도전했습니다. 결과는 이번에도 실패였어요. 어느새 중년이 된 그는 부통령과 상원 의원에 도전했지만 또 선거에서 떨어졌습니다.

이렇게 내내 실패만 반복된 그의 삶은 어떻게 되었을까요? 쉰한 살에 그는 미국의 제16대 대통령으로 당선되었습니다. 그의 이름은 에이브러햄 링컨이에요. 미국 역사상 가장 위대한 대통령 중 하나로 존경받는 인물이지요. 그는 끝없이 도전하면서 매 순간 더 나아지기 위해 노력했던 것입니다.

자신에게 떳떳할 수 있을 만큼 최선을 다하세요. 그리고 하루의 끝에 이렇게 말할 수 있으면 충분합니다.

"오늘 하루도 나는 최선을 다했어. 그래서 나는 이미 나만의 1등이야."

3

실패는 끝이 아닙니다. 오히려 실패를 통해 더 깊이 배우고 성장할 수 있지요. 그래서 하버드 대학교에서는 학생들에게 성공을 강요하지 않아요. 그보다는 실패를 통해 무엇을 배울 수 있는지, 어떻게 실패를 마주하고 극복해야 하는지를 더 중요하게 가르치죠.

실패는 누구에게나 찾아오는 손님입니다. 중요한 건 그 손님을 어떻게 대하느냐입니다. 실패를 그냥 쫓아내 버릴 수도 있고 반대로 따뜻하게 맞이한 뒤 잘 활용할 수도 있습니다.

실패 자체는 무섭지 않아요. 정말 두려운 건 실패하고도 아무런 가르침도 얻지 못한 채 똑같은 실수를 반복하는 것입니다.

여러분도 학교생활을 하다 보면 시험에서 원하는 점수를 받지 못하거나, 친구들과의 관계에서 실망하거나, 기대했던 결과가 나오지 않아 속상한 순간들을 겪게 될 거예요. 이럴 때 중요한 건 단 하나예요.

“나는 왜 실패했을까?”

이 질문을 스스로에게 던져 보는 것입니다.

실패를 복습해서 성공의 예고편으로 만들자

많은 학생들이 실패한 뒤 자책하거나 좌절하곤 합니다. 하지만 반성은 자책이나 좌절과는 달라요. 자책은 자신을 깎아내리는 것이고, 반성은 자신을 더 나은 방향으로 바꾸려는 행동입니다. 실수한 뒤에 그 이유를 곰곰이 생각하고 다음에는 같은 실수를 반복하지 않도록 준비한다면 그것이 성공으로 나아가는 길인 셈이죠.

하버드 대학교에서는 이렇게 말합니다. “실패는 당신의 자산이 될 수 있다. 단, 그 실패가 어떤 원인으로부터 비롯되었는지를 제대로 분석해야 한다.” 실패를 그냥 넘기면 다시 찾아올 뿐이지만, 반성을 통해 무엇이 문제였는지 알아낸다면 그것은 소중한 경험이 됩니다.

이런 의미에서 삶에는 완전한 실패가 존재하지 않아요. 잠시 목표를 이루지 못한 것일 뿐이지요. 대신 실패를 잘 관리해야 성공으로 다가갈 수 있습니다.

평생 성공에 이르는 길에 관해 연구한 나폴레온 힐은 실패에 대처하는 방식에 따라 사람들을 세 가지 유형으로 분류했어요.

"첫 번째 유형은 실패로 인한 충격으로 다시 일어서지 못하는 사람입니다. 그런 유형은 실패를 털고 일어날 용기도 없고, 현명하게 대처할 지혜도 없습니다. 두 번째 유형은 가슴 가득 열정만 넘칠 뿐 정작 어떻게 해야 할지는 모르는 사람입니다. 이들은 실패한다고 해서 무너지지는 않지만, 자신을 반성할 줄 몰라서 실패를 영양분으로 삼지 못합니다. 마지막 세 번째 유형은 실패한 순간 즉시 자신의 상태를 점검하고 스스로를 다독일 줄 아는 사람입니다. 이런 사람들은 실패를 되돌아보면서 그 안에서 배울 점을 찾아냅니다. 이렇게 해서 다음번에 실패할 확률을 낮추는 것이지요. 바로 이 세 번째 유형의 사람만이 자신의 실패를 성공을 위한 밑거름으로 활용할 수 있습니다."

실패를 통해 우리는 자신의 부족한 점을 똑똑히 마주할 수 있어요. 사실 부족한 점은 빨리 발견하면 할수록 좋은 것입니다. 반성을 통해 성장할 기회를 얻을 수 있으니까요.

우리는 시험에서 틀린 문제를 복습하듯이 삶에서도 실패한 순간을 다시 돌아봐야 합니다. 그 안에 여러분의 성장 가능성이 숨어 있기 때문이죠.

실패는 인생의 끝이 아닙니다. 오히려 반성을 통해 진짜 내 모습을 발견하고 나를 성장시킬 수 있어요.

반성은 실패를 성공으로 바꾸는 마법 같은 도구예요. 여러분이 실패를 밟고 더 멀리 도약할 수 있도록 반성이라는 다리를 튼튼히 놓아 보시길 바랍니다.

포기하지 않는 한 
꿈은 반드시 이루어진다

아주 오래전, 세상에서 가장 큰 진주를 만들어 내겠다는 꿈을 가진 조개가 있었어요. 이 조개는 자신의 꿈을 이루기 위해 모래사장으로 가서 모래 알갱이를 일일이 찾아가 진주가 되고 싶은지를 물었지요.

대부분의 모래는 "싫어, 그냥 이대로가 좋아.", "힘들게 진주가 된다고 해서 좋은 점이 있을까?" 하는 식으로 고개를 내저었어요. 조개는 몹시 실망했습니다. 이때 작은 모래 알갱이 하나가 조개에게 말했어요.

"저기… 나는 진주가 되고 싶어."

옆에 있던 다른 모래 알갱이들은 하나같이 그를 비웃기 시작했어요.

"멍청한 녀석! 진주가 되려면 조개 안에 들어가야 한다고. 친구나 식구들과도 헤어져야 하고 햇빛도, 달님도, 바람도 아무것도 볼 수 없어. 컴컴하고 답답한 조개껍데기 안에서 외롭게 수십 년을 지내야 한다고.”

하지만 모래 알갱이는 아무 대꾸도 없이 조개를 따라갔습니다.

그로부터 몇 년이 지난 후, 조개를 따라갔던 모래 알갱이는 최고의 진주가 되어 나타났어요. 하지만 그때 그를 비웃던 다른 모래들은 모두 다 수많은 모래 알갱이 중 하나로 머물러 있거나, 아예 먼지가 되어 날아가 버리고 말았습니다.

“포기하지 않는 한, 우리는 실패한 것이 아니다.”

하버드 대학교의 졸업 연설에서 종종 인용되는 말입니다. 어쩌면 이 말만큼 긴 여정을 걷는 사람에게 위로와 용기를 주는 말은 없을지도 모릅니다.

성공이란 한순간의 기적이 아니에요. 매일매일의 결심, 무수히 반복되는 실수와 다시 일어서는 의지, 눈물 뒤에도 계속 걷는 발걸음이 모여 어느 날 문을 두드리는 것입니다. 그리고 그 문은 끝까지 포기하지 않은 사람만이 열 수 있습니다.

시험에서 낙제점을 받았다고, 대회에서 탈락했다고, 목표했던 학교에 가지 못했다고 해서 여러분의 꿈이 끝난 것은 아니에요. 스스로 포기하지 않는다면 언제든 기회는 찾아올 수 있어요.

하버드 학생들은 성적이 나빠도, 프로젝트가 엉망이 되어도 쉽게 주저앉지 않습니다. 오히려 실패는 잠시 쉬어가는 과정일 뿐 자신이 걷고 있는 방향이 맞다면 결국 꿈에 도달할 수 있다는 믿음을 갖고 있죠.

인생에서 가장 큰 실패는 스스로 포기하는 것입니다. 자신이 자신을 포기하면 어느 누구도 여러분을 구해 줄 수 없기 때문이지요. 포기하지 않아야 꿈에 점점 다가갈 수 있어요. 스스로 포기하지 않으면 여러분의 꿈을 가로막을 수 있는 존재란 세상에 존재할 수 없다는 것을 마음에 새기길 바랍니다.

실패를 두려워하지 말고 천천히 여러분의 꿈을 향해 나아가세요. 계단을 하나씩 밟고 오르다 보면 높은 산도 정복할 수 있고, 별것 아닌 물 한 방울이 모여 단단한 바위를 뚫기도 하니까요. 어려움 앞에서 우리 역시도 쉬지 않고 흐르는 물방울이 되어야 합니다. 조금씩이라도 좋아요. 매일 노력하다 보면 마지막은 보람찰 테니까요.

08

우정

좋은 친구를 사귀고,
좋은 친구가 되자

1
성공은 인간관계에서 시작된다

'사교'란 말 그대로 사람과의 사귐을 의미합니다. 이는 단순한 만남을 넘어 여러분이 맺는 전반적인 인적 관계망을 가리켜요.

하버드 대학교는 오래전부터 사교의 중요성을 매우 강조해 왔습니다. 빠르게 변하는 현대 사회에서 바깥 세상에 눈과 귀를 닫고 오로지 책 속의 지혜만을 좇는 삶은 더 이상 현실적이지 못해요. 다양한 사람들과의 관계 속에서 우리는 더 많은 것을 배우고 성장할 수 있기 때문입니다.

하버드는 학생들이 서로 소통하고 교류할 수 있도록 다양한 활동을 장려해요. 이처럼 학생들의 소통과 교류를 중요하게 여기는 이유는 단지 재미 때문만은 아닙니다. 학생 간의 교류는 삶의 활력을 불어넣을 뿐만 아니라, 폭넓은 인간관계를 만들어 나가는 데도 도움이 되거든요.

폭넓은 인간관계는 다음과 같은 긍정적인 효과를 가져오기도 합니다.

1. 서로 배움이 된다

친구와 함께 과제를 하거나 공부를 하면 서로의 학습 방법과 사고방식을 공유할 수 있습니다. 토론을 통해 교과서에 없는 지식도 배우게 되지요. 실제로 친구와 나눈 짧은 대화가 오랜 시간 고민해도 풀리지 않던 문제의 실마리가 되기도 합니다.

유명한 고전에는 "혼자 공부하면 친구가 없고, 학문이 얕으면 견문이 좁다."라는 말이 나옵니다. 혼자만의 공부는 한계를 가질 수 있으니 친구와의 소통 속에서 더 깊은 배움을 얻으라는 뜻이지요.

2. 정서적으로 안정을 준다

청소년기는 누구에게나 혼란스러운 시기예요. 감정이 쉽게 요동치고 이유 없이 불안해질 때도 많습니다. 부모님에게조차 말하기 어려운 고민이 생기기도 하지요. 그럴 때 진짜 친구가 곁에 있다면 마음을 나누고 감정을 정리할 수 있는 안전한 공간이 생겨요.

친구와의 관계는 '함께 웃고 울 수 있는 사람'이 있다는 사실

만으로도 큰 위안이 됩니다. 오늘 하루가 힘들었다면 친구와 나누는 대화 한마디, 짧은 눈빛 교환만으로도 다시 힘을 낼 수 있지요.

3. 의지력을 키우고 성숙해진다

살다 보면 예상하지 못한 어려움에 부딪히기 마련입니다. 시험에서 떨어질 수도 있고 인간관계에서 상처를 받을 수도 있지요. 그럴 때 친구의 진심 어린 응원은 큰 힘이 됩니다.

"너 잘하고 있어.", "나는 네 편이야." 같은 말 한마디, 곁에 있어 주는 그 따뜻한 존재감은 무너진 마음을 일으켜 세우는 보이지 않는 에너지입니다. 우정은 그런 힘을 가지고 있어요.

4. 개성을 형성하는 데 도움이 된다

요즘은 '자기다움'이 중요하다고 이야기합니다. 그러나 나답게 살아가기란 쉽지 않죠. 그런 점에서 친구는 나를 비추는 거울이자 나를 발견하도록 도와주는 사람입니다.

취향이 맞는 친구와 좋아하는 것을 나누고 서로의 다름을 존

중하며 성장하는 경험은 여러분의 개성을 더욱 빛나게 만들어 줍니다. SNS 팔로워 수보다 중요한 것은 내 진짜 모습을 이해해 주는 친구 한 사람일지도 모릅니다. 친구와의 관계 속에서 우리는 자기를 더 잘 이해하고 표현하면서 보다 나은 사람으로 성장할 수 있습니다.

한 사람의 성공 가능성은 그 사람의 인간관계를 통해 어느 정도 예측할 수 있다고 해요. 이처럼 건전한 인간관계는 성공의 출발점이에요. 사람 사이의 교류로 형성되는 심리적 관계는 교감, 신뢰, 소통 능력 등을 바탕으로 깊어집니다.

학창 시절부터 개성과 소통 능력을 살려 관계를 만들어 간다면, 그것은 여러분의 삶을 훨씬 더 풍요롭게 만들어 주는 다리가 될 것입니다.

　　말은 우리의 감정을 전달하고 생각을 나누는 중요한 도구예요. 다른 사람들과 관계를 맺을 때 말하기 방법은 정말 중요합니다. 말을 잘 사용하면 상대방에게 쉽게 호감을 얻고, 더 많은 사람과 친해질 수 있죠. 하지만 그렇지 못하면 오해를 사고 스스로를 외로운 섬에 가두게 될 수도 있어요.

　　하버드 대학교에서는 학생들에게 대화도 하나의 기술이자 예술이라고 가르칩니다. 말을 잘하는 사람은 상대방에게 편안함을 선물하지만, 그렇지 못한 경우 말할 때마다 부정적인 반응을 얻게 될 수 있거든요.

　　"말 한마디에 천 냥 빚도 갚는다."라는 속담이 있듯이, 지혜로운 말 한마디는 새로운 관계를 맺을 때 큰 힘이 됩니다. 원만한 관계를 만들고 싶다면 말하기 기술을 익히는 것이 무엇보다 중요해요. 그렇다면 좋은 관계를 만들어 주는 멋진 말은 어떻게 해야 할까요?

1. 내실 있는 말을 하자

　말은 한 사람의 생각과 감정을 고스란히 보여 주는 창문과 같아요. 뛰어난 말솜씨도 중요하지만, 무엇보다 말에 '내실'이 있어야 합니다.

　글이 글쓴이를 닮듯 말에서도 화자의 생각이나 취향, 심지어 가치관까지 엿볼 수 있어요. 그렇다면 어떻게 사람들에게 내실 있는 말을 할 수 있을까요? 바로 독서를 통해 생각의 깊이를 키우는 것이 그 시작입니다.

2. 적당한 칭찬을 섞어서 말하자

　칭찬은 기분 좋은 소통을 위한 첫걸음입니다. 호감을 얻거나 우정을 쌓고 싶은 사람이 있다면 그의 장점을 찾아 진심으로 칭찬해 보세요.

　진심이 담긴 칭찬은 상대방의 신뢰를 얻는 가장 효과적인 방법입니다. 남을 지나치게 칭찬하면 자신이 낮아진다고 생각하는 사람도 있지만, 칭찬은 오히려 나 자신을 한 단계 성장시키는 기회라는 것을 기억하세요.

혹시 상대방에게 칭찬할 점을 찾기 어렵다고 생각하나요? 사실 모든 사람은 그 자체로 특별한 가치와 의미를 지니고 있어요. 우리는 종종 다른 사람의 부족한 점에만 주목하고 장점은 쉽게 놓치곤 합니다. 이제부터는 상대방의 장점에 집중해 보세요. 그러면 칭찬할 점이 저절로 보이기 시작할 거예요.

3. 환한 미소를 짓자

미소는 상대방과의 거리를 좁혀 주는 아주 효과적인 도구예요. 미국의 유명 작가인 데일 카네기는 미소의 효과를 이렇게 설명했습니다.

"당신이 미소로 다른 사람을 대할 때 어떤 메시지가 전달될까요? '난 네가 좋아. 넌 날 기쁘게 해 줘. 그래서 널 만나게 돼서 정말 기뻐.'라는 메시지가 미소 하나로 정확하게 전달됩니다. 그러면 상대방도 당신에게 미소로 답해 줄 겁니다."

상대방에게 긍정적인 기분을 전해 주면 대화는 훨씬 더 부드럽고 편안하게 이어질 수 있습니다.

4. 장소와 대상에 알맞게 말하자

　의외로 많은 사람이 대화할 때 장소와 대상에 신경 쓰지 못해요. 상대방이 슬퍼할 때는 개인적인 즐거운 이야기도 잠시 미루는 게 좋습니다. 나이가 많은 어른을 대할 때는 인터넷 유행어나 줄임말을 자제하는 것도 예의죠.

　말할 때는 언제나 장소와 대상을 생각하고 그에 맞는 내용과 방식으로 소통해야만 최고의 효과를 얻을 수 있습니다.

5. 때로는 침묵을 활용하자

　가끔씩은 말하지 않는 편이 나을 수도 있어요. 적당한 침묵은 생각할 시간을 주니까요. 꼭 필요한 말만 하고 멈출 줄 아는 능력은 상대방에게 생각할 여지를 남겨 줍니다. 이것이 바로 말의 또 다른 매력이에요. 때로는 침묵이 잘못을 바로잡을 기회를 주거나 친구의 자존심을 지켜 주는 든든한 방패가 되기도 합니다.

　위에서 설명한 원칙들은 좋은 관계를 만드는 데 가장 기본이 되는 방법이에요. 간단해 보인다고 해서 절대 가볍게 여기면 안 됩니다. 말에 내실이 있어야 할 뿐만 아니라 상황에 적절해야 하니까요. 어떤 말을 해야 할지, 어떤 말은 하지 말아야 할지, 그리고 어떻게 말하느냐에 따라 대화의 결과는 완전히 달라질 수 있습니다.

"좋은 사람은 입으로 알 수 있다."라는 말이 있어요. 여기서 말하는 '입'은 단순히 먹고 마시는 입이 아니라, 사람들을 기쁘게 만드는 말을 하는 입을 가리킵니다.

말은 누구나 할 수 있지만, 제대로 말하지 못하는 사람들이 많아요. 똑같은 입으로 하는 말인데도 어떻게 사용하느냐에 따라 결과는 엄청나게 달라지죠.

좋은 말솜씨는 타고나는 것만이 아닙니다. 꾸준한 노력으로도 충분히 말의 기술을 익힐 수 있답니다. 그러니 앞으로는 말하기 전에 먼저 잠시 생각하는 습관을 들이고, 말의 절제도 연습해 보세요.

하버드 대학교의 조사에 따르면 성공한 사업가 중 5%는 혈연관계, 26%는 뛰어난 업무 능력 덕분에 자신이 성공할 수 있었다고 답했다고 합니다. 그런데 놀랍게도 나머지 69%는 원만한 인간관계 덕분에 성공을 이룰 수 있었다고 답했어요. 이러한 결과는 진정한 친구 관계를 쌓고 신뢰를 얻는 것이 개인의 성공에 얼마나 중요한지 알려 줍니다.

위대한 인물 뒤에는 보이지 않는 또 다른 위대한 인물이 존재하기 마련이에요. 혼자만의 힘으로 성공하는 사람은 없어요.

개인의 능력에는 한계가 있지만, 좋은 관계를 활용하면 그 역량을 무한히 키울 수 있습니다. 따라서 관계의 엄청난 힘을 현명하게 사용한다면 여러분의 목표를 향해 더욱 거침없이 나아갈 수 있을 거예요.

좋은 관계를 맺는 데 있어서 가장 중요한 건 진심입니다. 진심이 있어야만 모든 것을 좋은 방향으로 바꿀 수 있기 때문이죠.

프랑스의 문학가 로맹 롤랑은 "우정은 평생 만나기 어려운 소중한 보물이다."라고 말했어요. 이 보물을 얻으려면 반드시 진심이라는 대가를 지불해야 해요. 진심 어린 관계를 거부할 사람은 아무도 없어요. 진심으로 서로를 대할 때 비로소 진정한 우정이 시작될 수 있습니다.

옛날 옛적, 목이 마른 꿀벌과 나비가 약속이라도 한 듯 근처 포도 농장으로 날아가 농부에게 물을 달라고 했어요. 물을 주면 보답으로 농부가 풍성한 수확을 거둘 수 있도록 도와주겠다고 약속했지요.

먼저 꿀벌이 말했습니다.

"제가 포도밭을 지켜 드릴게요. 포도를 훔치러 오는 사람이 있으면 벌침으로 쏴 버릴게요."

나비도 거들었어요.

"저는 꽃가루를 열심히 옮겨 드릴게요. 그러면 가을에 더 크고 달콤한 포도를 거둘 수 있을 거예요."

그 말을 가만히 듣고 있던 농부가 조용히 입을 열었습니다.

"하지만 궁금하구나. 너희들이 목마르지 않았더라도 나를 위해 이런 일을 했을까?"

이 이야기는 평소 다른 사람과 교류하지 않고 오직 필요할 때만 이익을 구하는 사람을 꼬집는 교훈을 담고 있어요. 만약 이야기 속 꿀벌과 나비처럼 필요할 때만 친구를 찾는다면 평생 진정한 친구를 사귈 수 없을 거예요. 그렇다면 어떻게 해야 진정한 친구를 만날 수 있을까요?

1. 서로를 존중하자

모든 사람에게는 존중받고 싶은 마음이 있습니다. 다른 사람을 존중해야만 나도 존중받을 수 있어요.

인간관계에서 존중은 가장 기본적인 예의예요. 서로를 존중하지 않으면 함께 협력하거나 진솔하게 소통하기 어렵습니다. 주변 사람을 존중할 줄 아는 사람만이 다른 사람에게도 존중받고 더 많은 성공의 기회를 얻을 수 있어요.

존중은 쌍방향이라는 점을 꼭 기억하세요. 내가 먼저 상대에게 미소를 지어 줄 때 상대도 나에게 미소로 답해 줄 수 있습니다. 반대로 상대를 비웃으면 나 또한 비웃음을 당할 수 있다는 것을 잊지 마세요.

2. 상대에게 호의를 보이자

따뜻한 마음으로 다른 사람을 대하면 반드시 그에 상응하는 좋은 관계를 얻게 될 거예요. 다른 사람에게 따뜻함을 전하는 호의는 우리 모두가 타고난 본성입니다. 이 천성을 마음껏 발휘할 때 관계는 더욱 깊어질 수 있어요.

3. 적극적으로 대화하자

자주 대화하면 서로에 대한 이해가 깊어지고 감정적인 유대도 더욱 단단해집니다. 좋은 인간관계를 맺고 싶다면 적극적으로 소통하는 것이 중요해요.

독일의 전 총리 헬무트 콜은 사람들과 소통하는 데 매우 능숙했다고 합니다. 그가 사용한 방법은 의외로 간단했어요. 바로 친분이 있는 사람의 집에 자주 찾아가 편안하게 앉아 시간을 보내는 것이었습니다. 이 단순한 방법 덕분에 그는 개인적인 관계를 잘 유지할 수 있었고, 십여 년간 독일 정치를 이끄는 데 큰 도움을 받았다고 해요.

4. 다른 사람을 너그럽게 대하자

친구와 함께 있을 때는 최대한 너그러워지세요. 상대방에게 관대할 때 친구의 자존심을 지켜 줄 수 있고 우정도 오래도록 이어 나갈 수 있습니다. 친구에게 관대한 태도는 오랫동안 관계를 유지하는 비결이 될 뿐만 아니라, 새로운 친구를 사귀는 매력으로 작용할 수도 있답니다.

09

꿈

**나만의 꿈을 품고
미래를 향해 나아가자**

공원에 온갖 종류의 꽃과 나무가 각각 한껏 싱그러운 자태를 뽐내며 피어 있었습니다. 그곳에는 사과나무, 오동나무, 상수리나무, 장미나 튤립 등이 한데 어우러져 있어 공원에 아름다운 활기와 향기를 불어넣었죠.

그러던 어느 날, 공원 한 귀퉁이에서 조그만 싹이 조용히 움트기 시작했어요. 자신이 누구인지, 앞으로 어떻게 자라날지 알지 못하는 어린 싹은 하늘 높이 치솟은 나무를 부러워하기도 하고, 주렁주렁 과실이 달린 나무를 동경하기도 했습니다. 주변을 둘러보며 남들을 부러워하던 어린 싹에게 공원 식물들이 다가와 한마디씩 훈수를 두기 시작했어요.

주렁주렁 사과를 단 사과나무가 먼저 말을 걸었습니다.

"나처럼 과일을 맺는 건 어때? 열심히 노력하면 사람들이 좋아하는 사과를 잔뜩 맺을 수 있을 거야!"

사과나무의 말에 어린 싹은 열매를 맺으려 노력했지만 아무리 노력해도 열매 비슷한 것도 맺지 못했습니다.

풀이 죽은 어린 싹에게 이번에는 장미가 화려한 향기를 풍기며 다가왔어요.

"차라리 나처럼 예쁜 꽃을 피워 보는 건 어때? 사람들은 과일보다 내 꽃을 더 좋아한다고!"

그 뒤로 어린 싹은 자신도 장미처럼 아름다운 꽃을 피우고 싶다며 열심히 노력했어요. 하지만 꽃봉오리조차 맺지 못했죠.

어느 날 새 한 마리가 공원에 날아들더니 어린 싹 근처에 내려앉았습니다. 풀이 죽은 어린 싹의 이야기를 들은 새는 어린 싹을 위로했어요.

"다른 사람을 흉내 낼 필요는 없어. 다른 사람의 기대에 맞출 필요도 없지. 모든 존재는 저마다의 길이 있으니까 넌 네 장점이 무엇인지, 뭘 하고 싶은지 정확히 아는 게 중요해. 그래야 나중에 네가 원하는 모습이 될 테니."

새의 충고를 들은 어린 싹은 자신을 천천히 되돌아보기 시작했어요. 자신은 열매를 맺을 수도, 화려한 꽃을 피울 수도 없었지만 열심히 자라면 사람들을 위해 시원한 그늘을 제공해 줄 수 있을 것 같았죠. 어린 싹은 이제야 자신의 꿈을 확인했어요.

이 싹은 훗날 무더운 여름철에 시원한 그늘을 제공해 주며 많은 사람으로부터 사랑을 독차지하는 행복한 나무가 되었습니다.

누구나 마음속에 나만의 꿈을 품고 살아가요. 언젠가는 나만의 꿈을 이루고 온전히 나다운 삶을 살고 싶어 하지요. 그렇다면 여러분이 가장 먼저 해야 할 일이 있어요. 바로 나 자신을 정확하게 파악하는 것입니다.

우리는 가끔 내가 누구인지, 무엇을 잘하는지, 무엇을 좋아하는지 제대로 모른 채 살아갈 때가 많아요. 다른 사람의 시선이나 사회의 기준에 맞춰 나를 잃어버리기도 하고요.

하지만 나를 정확하게 알지 못하면 꿈을 향해 나아가는 과정에서 길을 잃을 수밖에 없습니다. 내가 가진 진짜 강점과 약점을 모른 채 무작정 남의 모습만 쫓아가다 보면 결국 지치고 좌절하게 될 테니까요.

나를 정확하게 평가한다는 것은 단순히 잘하는 것만 찾아내는 일이 아니에요. 내가 어떤 사람인지, 무엇을 소중히 여기는지, 어떤 것에 어려움을 느끼는지 솔직하게 인정하는 용기가 필요합니다. 바로 그 용기 있는 성찰이야말로 여러분이 꿈을 향해 나아갈 때 가장 든든한 나침반이 되어 줄 거예요.

그렇다면 어떻게 해야 나를 제대로 파악하고, 있는 그대로의 내 모습을 용기 있게 인정할 수 있을까요?

1. 솔직하게 나의 장점과 단점을 기록하자

가장 기본적인 방법은 자신의 장점과 단점을 솔직하게 종이에 적어 보는 것입니다. '나는 무엇을 할 때 즐거운가?', '어떤 일을 잘한다는 칭찬을 자주 듣는가?', '어떤 일에 쉽게 좌절하는가?'와 같은 질문들을 던져 보세요. 이때 중요한 것은 다른 사람과 나를 비교하지 않는 거예요. 오직 나 자신에게만 집중해서 기록해야 합니다.

잘 모르겠다면 가까운 친구나 가족에게 "내가 잘하는 게 뭐라고 생각해?" 또는 "내가 어떤 점을 좀 더 보완하면 좋을까?" 하고 물어보세요. 가까운 사람들의 객관적인 시선이 자신을 이해하는 데 큰 도움이 될 수 있습니다.

2. 작은 성공과 실패를 소중히 여기자

우리는 성공했을 때의 기쁨만 기억하려고 하지만, 실패했을 때도 배울 점이 아주 많습니다. 어떤 일에 성공했다면 왜 성공할 수 있었는지 그 과정을 꼼꼼히 되짚어 보세요. 실패했을 때도 마찬가지예요. 내가 부족했던 점이 무엇이었는지 차분히 돌아보면 다음 단계로 나아갈 소중한 깨달음을 얻을 수 있습니다. 작은 성공과 실패의 경험들이 모여 여러분 자신을 더욱 정확하게 평가하는 자료가 될 거예요.

3. 새로운 경험에 도전하자

자신을 평가하는 가장 확실한 방법은 다양한 경험에 직접 부딪쳐 보는 것입니다. 한 번도 해 보지 않았던 동아리 활동이나 봉사 활동, 아르바이트 등에 도전해 보세요. 낯선 환경에서 예상치 못한 재능을 발견할 수도 있고, 내가 어떤 상황에서 강점이나 약점이 있는지를 직접 느낄 수 있습니다. 새로운 도전은 나 자신에 대한 시야를 넓혀 주고, 아직 몰랐던 내 모습을 발견하게 해 줄 것입니다.

나를 정확히 아는 것은 단순히 현재의 나를 파악하는 것을 넘어 앞으로 어떤 삶을 살고 싶은지 결정하는 데 중요한 역할을 합니다. 나를 제대로 이해할 때 비로소 진정한 나다움을 찾을 수 있습니다. 그러면 흔들리지 않고 꿈을 향해 나아갈 수 있을 거예요.

꿈에 가까이 다가갈 기회를 놓치지 말자

우리는 모두 마음속에 품은 꿈을 이루고 싶어 합니다. 그리고 꿈을 향해 묵묵히 나아가다 보면 때로는 예상치 못한 순간에 아주 중요한 기회를 만나게 될 때가 있을 거예요. 그런데 안타깝게도 많은 사람이 그 기회를 알아보지 못하거나, 망설이다가 놓쳐 버립니다.

성공한 사람들의 이야기를 들어보면 그들은 결코 우연히 꿈을 이룬 것이 아니에요. 그들은 남들이 미처 발견하지 못했던 기회를 포착한 뒤 망설이지 않고 용기를 내어 자신에게 다가온 기회를 잡았습니다.

여러분 역시 꿈을 이루고 싶다면 기회를 예민하게 감지하고 기회가 왔을 때 과감하게 움켜쥐기 위해 손을 뻗을 수 있어야 합니다. 유명한 격언 중에는 이런 말이 있어요.

"기회는 준비된 자에게만 찾아오는 것이 아니다. 기회는 모두에게 찾아오지만, 준비된 자만이 그 기회를 붙잡을 수 있다."

성공의 문은 그냥 열리는 것이 아니에요. 꿈을 향한 열정을 가진 여러분이 먼저 문을 두드려야만 비로소 열릴 수 있습니다. 그리고 소중한 기회를 놓치지 않으려면 몇 가지를 꼭 기억해야 합니다.

1. 평소에 꾸준히 준비하자

기회는 갑작스럽게 찾아오는 것처럼 보이지만, 사실은 우리가 평소에 쌓아 온 노력의 결실입니다. 여러분이 평소에 하는 공부, 연습, 작은 경험들 하나하나가 나중에 기회를 잡을 수 있는 실력이 돼요. 여러분에게는 앞으로 수많은 기회가 찾아올 거예요. 좋은 기회를 잡기 위해서는 오늘 하루를 허투루 보내지 말고 꾸준히 실력을 키워 나가세요.

2. 작은 기회도 소중히 여기자

사람들은 보통 거창하고 특별한 기회만을 기다립니다. 하지만 대부분의 성공은 작은 기회들이 쌓여서 만들어져요.

학교 발표 시간에 먼저 나서기, 팀 과제에서 리더 역할을 맡아 보기, 관심 있는 분야의 강연에 찾아가기 등 당장은 사소해 보이는 일들이 언젠가 나를 성장시킬 소중한 기회가 될 수 있습니다. 이런 작은 기회 하나하나를 가볍게 여기지 않고 최선을 다할 때 정말 좋은 기회를 알아보는 눈과 이를 잡을 수 있는 용기를 기를 수 있답니다.

3. 두려워하지 말고 도전하자

기회가 찾아왔을 때 '과연 내가 할 수 있을까? 만약 실패하면 어쩌지?'라는 걱정이 들 수도 있어요. 하지만 그 두려움 때문에 소중한 기회를 놓쳐서는 안 됩니다.

기회는 우리를 성장시키는 계단과 같아요. 실패하더라도 괜찮습니다. 그 경험을 통해 우리는 더 많이 배우고 성장할 수 있으니까요. 중요한 것은 결과를 두려워하지 않고 일단 용기를 내어 도전하는 자세입니다. 일단 부딪쳐 보면 생각보다 훨씬 더 좋은 결과가 기다리고 있을지도 몰라요.

4. 주변 사람들에게 자신의 꿈을 말하자

내가 무엇을 꿈꾸는지 다른 사람에게 이야기하는 것은 기회를 만드는 아주 좋은 방법입니다.

주변 사람들은 내가 가진 재능이나 관심사를 잘 모르기 때문에 나에게 맞는 기회가 와도 알려 주지 못할 수 있어요. 하지만 내 꿈을 진심으로 이야기하면 그들은 나의 조력자가 되어 기회가 생길 때마다 적극적으로 알려 줄 거예요.

하버드 대학교 졸업생들이 친구 관계를 소중히 여기는 이유도 바로 여기에 있습니다. 친구는 서로에게 든든한 조력자이자 기회를 가져다주는 연결 고리가 되어 주기 때문이죠.

기회는 가만히 앉아 기다린다고 저절로 찾아오는 것이 아닙니다. 스스로 눈을 크게 뜨고 세심하게 살피며 찾아내야 비로소 잡을 수 있지요.

마치 숨은그림찾기처럼 우리가 무심히 지나치는 일상 속에도 수많은 기회가 숨어 있습니다. 새로운 친구를 사귀거나, 선생님께 질문을 건네거나, 책 한 권을 집어 드는 작은 행동이 바로 그 기회의 시작일 수 있습니다. 지금 이 순간 여러분 곁에도 분명히 수많은 기회들이 발걸음을 멈추고 기다리고 있을 거예요.

중요한 것은 용기입니다. 기회를 알아본다면 주저하지 말고 손을 뻗어야 합니다. 혹시 잡으려다 실패하더라도 그것은 전혀 부끄러운 일이 아니에요. 오히려 도전한 사람만이 새로운 길을 열 수 있습니다.

오늘부터는 작은 연습이라도 좋으니 '이건 내게 어떤 기회일까?' 하고 스스로에게 질문하는 습관을 길러 보세요. 그 사소한 훈련이 쌓여서 여러분의 눈은 점점 더 밝아지고 손은 더욱 과감해질 것입니다. 그리고 언젠가 그 연습들이 모이면 여러분의 꿈을 현실로 만들어 주는 결정적인 순간을 선물하게 될 거예요.